도레의 판화와 함께 보는 성경

일러두기
이 책에 나오는 지명과 인명 등의 고유명사는 2005년에 천주교중앙협의회에서 펴낸《새번역 성경》을 주된 기준으로 하여 썼습니다.

도레의 판화와 함께 보는 성경

지은이 | 차기태

1판 1쇄 펴낸날 | 2017년 2월 1일

펴낸이 | 이주명
편집 | 문나영
출력 | 문형사
인쇄 | 한영문화사
제본 | 한영제책사

펴낸곳 | 필맥
출판등록 | 제300-2003-63호
주소 | 서울시 서대문구 경기대로 58 (충정로2가) 경기빌딩 606호
홈페이지 | www.philmac.co.kr
전화 | 02-392-4491
팩스 | 02-392-4492

ISBN 978-89-97751-70-9 (03230)

* 잘못된 책은 바꿔드립니다.
* 값은 뒤표지에 있습니다.

이 도서의 국립중앙도서관 출판예정도서목록(CIP)은 서지정보유통지원시스템 홈페이지(http://seoji.nl.go.kr)와 국가자료공동목록시스템(http://www.nl.go.kr/kolisnet)에서 이용하실 수 있습니다. (CIP제어번호 : CIP2017000792)

도레의 판화와 함께 보는 성경

차기태 지음

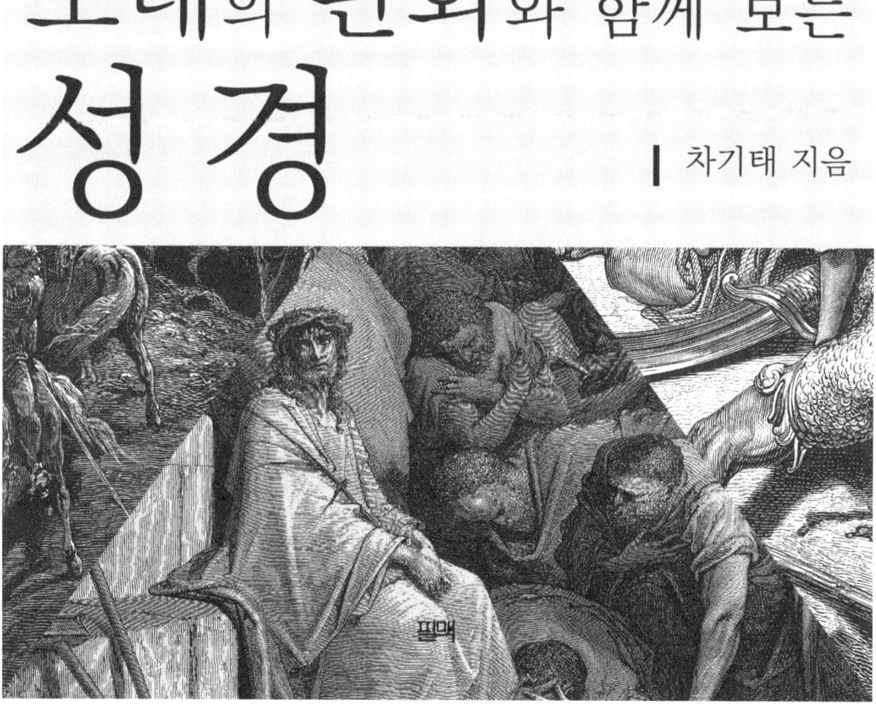

필맥

머리말

이미 모든 이가 알고 있듯이 서양문명의 두 줄기는 그리스 문명과 그리스도교다. 이 두 줄기는 오랜 역사를 통해 지배권을 다투거나 서로 영향을 주고받으면서 서양문명을 형성했다. 그리고 서양세력의 확장과 함께 세계 구석구석으로 퍼져나가 오늘날 현대문명의 중심을 차지했다. 따라서 오늘날의 세계를 이해하기 위해서는 먼저 그리스 문명과 그리스도교를 이해해야 한다.

그리스 문명은 신화와 철학, 연극과 미술 등 다방면에 걸쳐 자취를 남겼다. 그런가 하면 그리스도교는 기본적으로 성경을 중심으로 형성되고 발전됐다. 그리스도교를 이해하기 위한 토대는 바로 성경이다. 성경의 기본 바탕은 물론 하느님에 대한 신앙이다. 그렇지만 성경에는 하느님의 가르침이나 신앙에 관한 빤한 내용만 있는 게 아니라 인간사와 얽힌 많은 이야기가 담겨 있다. 전래 설화처럼 재미있고 놀랍고 신기한 이야기도 있고, 유한한 인간의 운명에서 빚어지는 비극적인 사연들도 있다.

그러한 성경을 읽는 마음자세와 관점은 사람마다 다르다. 중요하다고 여기는 부분도 상이하다. 우선 그리스도교 신자인지 여부에 따라 엇갈린다. 성경을 하느님의 말씀 그 자체라고 믿는 사람이 있는 반면에 그저 인류의 유산인 여러 고전 가운데 하나라고 생각하는 사람도 있다. 그리스도교 신자라도 어떤 교파에 속하는지에 따라 강조하고 싶은 부분이

다를 것이다.

이런 차이에도 불구하고 분명한 것은, 성경은 그리스도교의 경전을 넘어서 모든 세계인이 즐겨 읽는 '고전'이다. 그리스도교를 신봉하는 사람들뿐만 아니라 신봉하지 않는 사람들에게도 소중한 인류의 문화유산 가운데 하나다. 그리스도교를 신봉하는 사람은 성경을 읽으면서 올바른 삶과 신앙의 자세를 가다듬고 실천하겠다는 다짐을 할 것이다. 그리스도교 신자가 아닌 사람도 성경에서 나름대로 지혜의 샘을 발견하게 될 것이다.

필자의 경우 날마다 조금씩 읽는 방식으로 성경을 통독한 경험이 있다. 필자는 어린 시절에 가톨릭교에 들어갔지만 청년기를 다 지나도록 성경 전부를 읽지는 못했다. 장년이 돼서야 성경 전부를 읽었다. 머리맡에 성경을 두고 잠들기 전에 조금씩 읽어나갔다. 때문에 성경을 완독하는 데 1년 6개월가량 소요됐다. 그 뒤에도 수시로 필요한 부분을 찾아서 읽었다. 다시 읽을 때마다 마음의 서판에 각인되는 부분이 달랐다. 읽는 과정에서 충격을 받은 경우도 적지 않았다. 이를테면 구약에서 유대인들이 가나안 땅을 정복하기 위해 다른 부족을 도륙하는 장면을 읽으면서 큰 충격을 받았다. 더욱이 그런 과정에서 그들이 '하느님'을 끌어들이는 모습을 보고는 경악하기도 했다. 이토록 유혈이 낭자한 구약을 과연 '성스러운' 경전이라고 불러도 될까 하고 의문을 품기도 했다. 필자는 나름대로 숙고를 거듭한 끝에 구약과 신약은 둘 다 성경으로 불리지만 같은 게 아니라고 생각하게 됐다. 신약은 그야말로 예수를 통해 드러난 하느님의 거룩하고 선한 말씀과 행적을 기록한 것이라고 할 수 있지만, 구약은 이스라엘의 민족설화에 가깝다는 것이 필자의 생각이다.

성경을 어떻게 이해하고 수용할 것인지는 결국 각자의 몫이라고 하겠다. 어떻게 이해하고 수용하든 거기에서 각자에게 소중한 가치를 찾아내면 된다. 그런데 성경은 분량이 워낙 방대해서 한꺼번에 다 읽기가 쉽지는 않다. 저마다 학업이나 생업으로 바쁜 가운데 삶의 희로애락에 부대끼며 살아가는 현대인에게는 필요한 부분을 찾아 조금씩 읽는 것도 좋은 방법이다.

이 책은 바로 그런 독자들에게 적합하다. 19세기의 프랑스 삽화가 귀스타브 도레가 성경에 나오는 주요 장면들을 그린 그림에 필자가 그에 얽힌 이야기를 압축해 덧붙였다. 그러니 그림에 곁들인 글을 필자가 '썼다'고 하기보다는 '요약했다'고 하는 것이 더 적당할지도 모르겠다. 어쨌든 이 책은 성경을 통독하고 싶지만 엄두를 내기 어려운 사람들을 위한 성경 입문서 비슷한 것이 됐다. 다만 도레가 선정한 장면들을 설명하는 방식으로 쓰다 보니 필자가 보기에 중요하지 않다고 생각되는 부분들이 부각된 느낌도 있다. 도레가 선정한 에피소드들 가운데는 구체적인 사건의 비중이 상당히 높다. 이 때문에 원래 성경에 담긴 지혜를 온전히 나누기가 어렵다는 아쉬움이 남는다. 이런 아쉬움을 달래기 위해서라도 훗날 성경을 주제로 한 책을 다시 써보고 싶다는 생각도 해본다. 그럼에도 성경에 나오는 이야기들을 판화 작품으로 형상화한 도레에게 감사와 경의를 드린다.

지난날의 역사나 문화의 궤적을 오늘날 돌아볼 때 학문적으로나 철학적으로 깊이 들어가려고 하면 한없이 깊이 들어갈 수 있다. 성경 읽기도 신학적으로 무한한 깊이까지 들어갈 수 있다, 그렇지만 너무 깊이 들어가면 삶의 현실과 멀어지기 십상이다. 학자들이 아무리 이론적으로 깊이 들어간다고 해도 결국은 삶과 실천의 문제로 돌아오게 돼 있다. 모든 이론이란 것이 결국은 삶의 과정 속에서 검증돼야 하는 것이다. 뿐만 아니라 사회가 건전하게 발전하려면 건전한 상식을 폭넓게 공유하는 것이 필요하다. 성경을 비롯한 고전을 이론적으로 깊이 파고드는 것도 필요하지만, 일반 시민의 눈높이에 맞게 흥미롭거나 유익한 지식을 최대한 끌어내는 것도 중요하다. 필자가 이 책을 쓴 것도 바로 그런 소신의 연장선에서다. 따라서 장면마다 관련된 이야기를 알기 쉽게 정리하는 데 힘쓰고 필자의 주관적 시각을 드러내는 일은 되도록 배제했다.

필자에게는 이번 작업이 지난 2014년 출간된 《미술작품을 곁들인 에피소드 서양문화사》의 속편 성격을 지닌다. 《미술작품을 곁들인 에피소드 서양문화사》는 그리스로마 신화와 성경, 서양의 역사와 문화 등 여러 분야를 두루 다룬 책이었기에 필자는 범위를 좁혀서 후속편을 쓰고 싶기도 했다. 그런데 마침 출판사 필맥에서 이주명 대표가 도레의 판화집을 주면서 그렇게 해보라고 권유해주었다.

이주명 대표와 긴 시간동안 편집을 하느라 수고를 아끼지 않은 문나영 씨에게 고마움을 표한다. 독자들이 이 책을 읽고 거기에서 만족하지 않고 새로운 마음으로 성경을 다시 읽어 마음의 자양분을 더한다면 필자로서는 더 바랄 것이 없겠다.

차기태

차 례

제1편 구약

차 례

차 례

차 례

제2편 구약 외경

제3편 신약

차 례

차 례

제1편 구 약

빛의 창조

창세기 1장

하느님은 처음에 하늘과 땅을 창조했다. 모양이 채 갖춰지지 않은 땅 위에는 아무것도 살지 않았다. 물은 어둠에 뒤덮여 있었고, 그 위에 하느님의 기운이 휘돌고 있었다.

하느님이 "빛이 생겨라" 하자 빛이 생겨났다. 하느님은 빛과 어둠을 나누고, 빛을 낮이라 하고 어둠을 밤이라 했다. 천지창조의 첫날은 이렇게 지나갔다.

하느님은 둘째 날에 물 한가운데에 창공을 만들고 하늘이라 이름 지었다.

셋째 날에는 바다와 뭍, 푸른 움과 풀, 과일나무,

넷째 날에는 해와 달, 별,

다섯째 날에는 물고기와 새,

여섯째 날에는 집짐승과 길짐승, 들짐승을 차례로 창조했다. 이렇게 날마다 창조된 것들은 모두 하느님이 보기에 참 좋았다.

처음에 창조한 하늘은 천계(heaven)의 의미를 지니고, 둘째날 창조한 하늘은 인간의 눈에 보이는 하늘(sky)을 가리킨다.

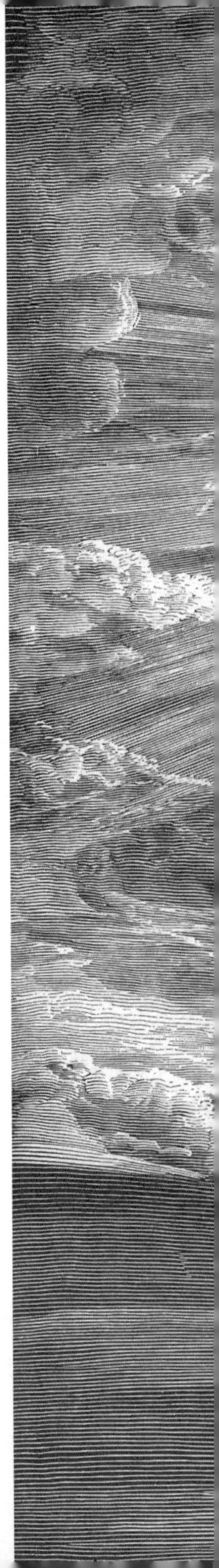

하와의 탄생

창세기 2장

하느님은 닷새 동안 천지만물을 모두 창조하고, 엿새째에 자신을 닮은 사람을 만들었다. 사람으로 하여금 천지만물을 다스리게 하기 위해서였다.

하느님은 진흙으로 사람을 만들고 그의 코에 숨을 불어넣어주었다. 그가 바로 최초의 남자 아담이다. 하느님은 아담을 위해 에덴에 동산을 만들어주었다.

에덴동산은 언제든 따먹을 수 있는 맛있는 열매를 맺는 나무로 가득 차 풍요로웠다. 에덴에서 나온 강이 그 동산에서 티그리스와 유프라테스 등 4개의 강으로 갈라졌다.

하느님은 아담이 홀로 있는 것이 측은해 보여서 협력자를 찾아주겠다고 했다. 그러나 알맞은 협력자를 찾지 못했다. 그래서 하느님은 잠든 아담의 갈빗대를 뽑아 그것으로 최초의 여자 하와를 창조했다.

에덴동산에서 쫓겨나는 아담과 하와

창세기 3장

아담과 하와는 에덴동산에서 과실수에 열린 열매를 언제든 따 먹으며 풍족하게 지낼 수 있었다. 하느님은 동산에 있는 나무 중 단 한 그루에 열린 열매만은 따 먹지 말라고 일렀다. 어느 날 아담과 하와에게 뱀이 다가갔다. 뱀은 하느님이 먹지 말라고 한 금단의 열매를 먹으면 선과 악을 알게 될 것이라며 하와를 꼬드겼다. 꼬임에 넘어간 하와는 열매를 따 먹고 아담에게도 먹였다. 열매를 먹고 부끄러움을 알게 된 아담과 하와는 나뭇잎으로 자신들의 알몸을 가렸다.

그때 하느님이 아담과 하와를 불렀다. 그러나 자신들이 하느님의 계율을 어긴 것을 안 아담과 하와는 몸을 숨겼다. 하느님은 왜 열매를 따 먹었느냐며 그들을 꾸짖었다. 아담은 하와가 주어서 열매를 먹었다고 변명했고, 하와는 뱀의 탓으로 돌렸다.

하느님은 뱀과 하와와 아담을 차례로 벌했다. 뱀은 온몸으로 땅을 기어 다니게 됐다. 하와는 살이 찢어지는 고통 속에서 아기를 낳게 됐으며, 아담은 땀 흘려 일해야만 곡식을 얻을 수 있게 됐다.

낙원에서 추방된 아담과 하와의 이야기는 인간이 태어날 때부터 원죄를 타고난다는 그리스도교 교리의 근거가 됐다. 그리고 그 원죄를 예수가 십자가에 못박혀 죽음으로써 대신 갚았다는 논리로 이어진다.

카인과 아벨

창세기 4장

아담과 하와는 카인과 아벨을 낳았다. 형 카인은 농부가 됐고, 동생 아벨은 목동으로 살아갔다. 각자 하는 일에 따라 하느님에게 바치는 제물이 달랐다. 카인은 곡식을 바쳤고, 아벨은 양고기를 바쳤다. 하느님은 카인의 제물을 거부하고 아벨의 제물만 받아들였다. 카인은 몹시 상심했고, 하느님은 그런 카인을 꾸짖었다.

마음에 상처를 입고 분노한 카인은 동생 아벨을 들판으로 꾀어내 죽여 버렸다. 이를 지켜본 하느님은 카인에게 "네 아우 아벨은 어디 있는가"라고 물었다. 카인은 "제가 아우를 지키는 사람인가요?"라고 반문하면서 모른다고 잡아뗐다. 그러나 이미 모든 것을 알고 있는 하느님은 카인을 추방했다. 카인이 아무리 힘들여 농사를 지어도 아벨의 피를 받은 땅은 아무런 결실도 맺지 않을 것이며, 이제 카인은 세상을 떠돌아다니는 신세가 될 것이라면서.

카인은 두려워졌다. 벌이 무거울 뿐 아니라 세상을 떠돌아다니다 다른 사람에게 죽임을 당할 것만 같았다. 그러자 야훼는 누구도 그를 죽이지 못하게 하겠다고 약속하면서 징표를 찍어주었다. 그렇게 카인은 자신이 살던 곳에서 떠나 에덴의 동쪽에 있는 놋이라는 곳에 정착했다.

Doré

물로 세상을 멸하리라

창세기 6장

인간의 수가 많아짐에 따라 세상에 죄악이 만연했다. 하느님은 인간을 창조한 것을 몹시 후회했다. “공연히 사람을 만들었구나. 내가 창조했지만, 땅 위에서 쓸어버리리라. 사람뿐 아니라 짐승과 땅 위를 기는 것과 공중의 새까지 모조리 없애버리리라.”

다만 바르게 산 노아와 그의 가족만은 살리기로 했다. 하느님은 노아에게 세상을 홍수로 쓸어버릴 것이니 전나무로 배를 만들어 대비하라고 일렀다. 노아는 하느님이 알려준 대로 배를 만들고 식량을 실은 다음 아내와 아들, 며느리, 그리고 짐승들을 데리고 배에 올라탔다.

짐승 가운데 정결한 것은 일곱 쌍씩, 부정한 것은 한 쌍씩 배에 실렸다. 새도 일곱 쌍씩 데려갔다.

대홍수

창세기 7장

노아가 600살 되던 해 2월 17일에 비가 쏟아지기 시작했다. 그날부터 40일 동안 하늘에 구멍이 뚫린 듯 폭우가 쏟아졌다. 땅은 물에 잠겨 사라졌다. 땅 위에 있던 모든 생물이 익사했다. 땅은 꼬박 150일간 물에 잠겨 있었다.

배에 탄 노아와 그의 가족, 그리고 짐승들은 살아남았다. 하느님이 바람을 일으키자 물이 빠지기 시작했다. 7월 17일에 노아의 배는 아라랏 산 등마루에 기착했다. 물이 계속 줄어들어 10월 1일에 드디어 산봉우리가 드러났다.

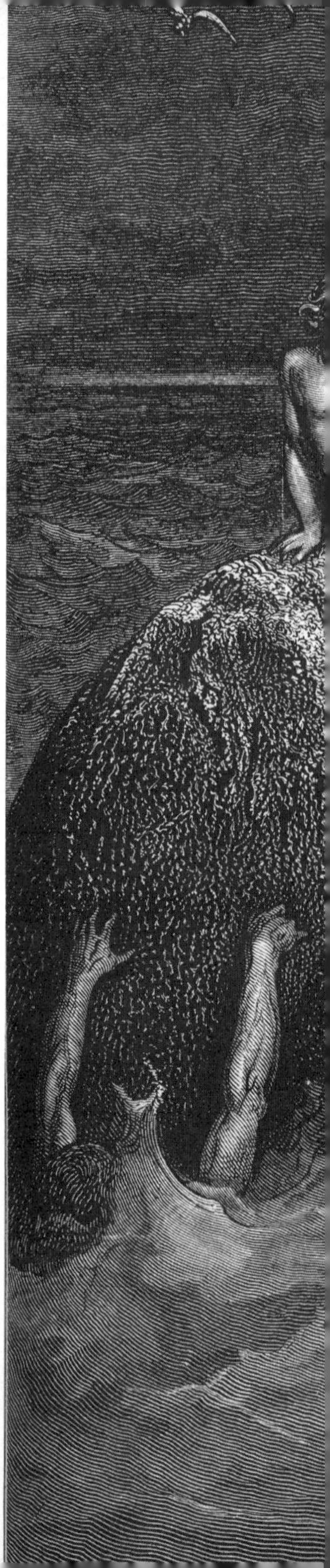

뭍을 발견한 비둘기

창세기 8장

비가 그치자 노아는 방주에 있던 까마귀와 비둘기를 차례로 날려 보냈다. 물이 얼마나 빠졌는지 알아보기 위해서였다. 비둘기가 올리브 잎사귀를 입에 물고 방주로 되돌아왔다. 물이 빠져 땅이 드러난 곳이 있다는 증거였다. 일주일 뒤에 다시 비둘기를 날려 보냈다. 이번에는 비둘기가 돌아오지 않았다.

노아는 601세가 된 해의 2월 17일에 하느님의 말씀에 따라 방주에서 나왔다. 대홍수가 시작된 지 정확히 1년 만이었다.

뭍에 오른 노아는 제단을 쌓고 들짐승과 새를 잡아 하느님에게 제물로 바쳤다. 하느님은 다시는 물로 세상을 멸하지 않겠다고 약속하고 그 증표로 무지개를 띄웠다. 그리고 살아 있는 것은 모두 노아의 지배 아래 두고 사람의 양식으로 삼게 했다. 다만, 피가 있는 고기를 날것으로 먹지는 말고, 사람끼리 서로 피를 흘리게 하지 말라는 계명을 남겼다. 아울러 자식을 많이 낳고 번성하라고 축복해주었다.

가나안을 저주하는 노아

창세기 9장

노아에게는 세 아들이 있었다. 셈, 함, 야펫이었다. 포도 농사를 짓는 노아가 어느 날 포도주를 마시고 몹시 취해서 벌거벗은 채로 천막 안에 누워 있었다.

그런 아버지를 처음 발견한 아들은 훗날 가나안 족의 조상이 되는 둘째 함이었다. 그는 아버지를 그대로 놔두고 밖으로 나가 형과 아우에게 자기가 본 것을 이야기했다. 그러자 셈과 야펫이 겉옷을 갖고 가서 아버지를 덮어드렸다. 둘은 천막 안에 들어갈 때 아버지의 벗은 몸을 보지 않기 위해 뒷걸음질 쳐서 들어갔다.

술이 깬 노아는 이 사실을 알고는 함과 그 후손이 될 가나안을 저주했다. "가나안은 저주 받아 그 형제들의 종이 될 것이다."

노아는 홍수가 멎은 뒤로 350년을 더 살아 모두 957년을 살고 세상을 떠났다. 그가 죽은 뒤에 세 아들이 각기 자식을 낳아 여러 부족을 탄생시켰다.

노아의 둘째 아들 함은 가나안, 이집트, 에티오피아, 풋이라는 아들들을 두었다. 이 가운데 가나안은 맏아들 시돈을 비롯해 히타이트, 여부스, 아모리 등 여러 아들을 두었다. 이들이 말하자면 훗날 가나안 족을 이루는 씨족들의 시조다.

언어의 혼란

창세기 11장

노아가 죽은 뒤 인류는 여러 부족으로 갈라지긴 했지만, 모두 같은 언어를 사용했다. 어느 날 많은 사람들이 신아르 지방의 들판에 모여 같은 언어로 의논한 끝에 벽돌과 역청을 이용해 도시를 세우기로 했다. 또한 꼭대기가 하늘에 닿도록 탑을 쌓아올려 자신들의 이름을 드높이기로 했다.

이 광경을 본 하느님은 앞으로 인간이 하려고만 하면 못 할 일이 없겠다는 생각이 들었다. 그래서 사람들이 사용하는 말을 혼잡하게 만들어 서로 알아듣지 못하게 함으로써 그들을 흩어지게 했다. 사람들이 흩어지자 도시를 세우는 일도 중단됐다. 이에 이 도시는 '바벨'이라고 불렸다.

바벨은 칼데아인의 언어로 '하늘의 문'을 뜻하는 '바빌론'과 유사하고, '뒤섞다, 혼란시키다'라는 뜻을 가진 히브리어 '발랄'과도 유사하다.

가나안으로 가는 아브라함

창세기 12장

아브라함은 노아의 세 아들 가운데 셈의 후손이다. 아브라함의 아버지 테라는 칼데아의 우르에서 살다가 가족을 데리고 고향을 떠났다. 그들은 하란이라는 곳에 자리를 잡고 살았다. 테라는 205세에 생을 마감했다.

어느 날 하느님이 아브라함을 불러 가나안으로 가라고 말했다. "네 고향과 친척과 아버지의 집을 떠나 내가 네게 보여줄 땅으로 가거라. 내가 너를 큰 민족이 되게 하고 네게 큰 복을 주어 네가 이름을 떨치게 하겠다. 그리하여 너는 복의 근원이 될 것이며, 세상 모든 종족이 너를 통하여 복을 받을 것이다."

아브라함은 하느님의 말씀대로 가족을 이끌고 가나안을 향해 길을 떠났다.

아브라함과 세 천사

창세기 18장

몹시 더운 어느 날 아브라함은 천막 입구에 앉아 있다가 고개를 들었다. 낯선 이 셋이 그를 쳐다보고 있었다. 아브람은 그들에게 나무 밑에서 쉬었다 가라고 권하고, 빵과 송아지 요리를 차려 냈다. 그리고 그들이 음식을 먹는 동안 시중을 들며 극진히 대접했다. 그들은 하느님이 보낸 천사였다.

세 천사는 아브라함에게 "내년 이맘 때 아내 사라가 아들을 낳을 것이다"라고 말했다. 천막 뒤에서 이 말을 엿들은 사라는 헛웃음을 웃었다. 그도 그럴 것이 이때 아브라함의 나이는 아흔아홉 살, 사라의 나이는 여든아홉 살이었다. 이미 자식을 낳을 시기를 훌쩍 넘긴 나이였던 것이다.

사라가 믿지 못하고 웃는 것을 안 하느님이 사라를 꾸짖었다. "왜 내 말을 믿지 못하고 웃느냐? 내가 능히 하지 못할 만큼 어려운 일이 있겠느냐? 내년 이맘때 내가 다시 올 것인데, 그때 네게 아들이 있을 것이다."

이듬해 사라는 아들을 낳았다. 그 이름은 이사악이었다.

소돔에서 탈출하는 롯

창세기 19장

아브라함이 하느님의 뜻에 따라 하란을 떠날 때 그 조카인 롯도 가족을 데리고 함께 길을 나섰다. 이들은 목축을 했는데, 가축이 늘어나자 아브라함의 목자들과 롯의 목자들 사이에 다툼이 일어났다. 가족 간의 다툼이 번지는 것을 피하기 위해 아브라함과 롯은 서로 헤어지기로 했다.

아브라함은 롯에게 원하는 땅을 먼저 선택할 기회를 주었다. 롯은 풍요롭고 좋은 땅을 골라 아브라함을 떠났다. 롯의 일가가 최종적으로 자리 잡은 곳은 소돔이었다.

소돔은 고모라와 더불어 타락한 도시였다. 하느님은 죄악으로 가득 찬 이 두 도시를 유황불로 멸하기로 결심했다. 아브라함이 간절히 기도하여, 의로운 사람 열 명을 찾으면 도시를 멸하지 않겠다는 약속을 하느님에게서 받아냈다. 하지만 의로운 사람 열 명은 끝내 찾을 수 없었다.

멸망의 날에 롯의 가족만은 살리기 위해 하느님이 두 천사를 보냈다. 두 천사는 나그네 차림으로 롯의 집을 방문했다. 이방인을 발견한 소돔 사람들이 롯의 집으로 쳐들어와 그들을 내놓으라고 소동을 피웠다. 두 천사는 롯의 집을 에워싼 소돔 사람들의 눈을 멀게 한 후 롯의 가족을 탈출시켰다. 두 천사는 롯의 가족에게 무슨 일이 있어도 뒤를 돌아보지 말라고 했다. 그러나 무슨 미련 때문이었을까. 롯의 아내는 뒤를 돌아보았고, 순간 소금기둥으로 변했다.

쫓겨나는 하가르와 이스마엘

창세기 21장

아브라함과 사라 사이에는 늙도록 아이가 생기지 않았다. 초조해진 사라는 아브라함에게 자신의 몸종인 하가르와 동침하여 아이를 만들기를 권했고, 아브라함은 이를 받아들였다.

아브라함의 아이를 잉태한 하가르는 기고만장해져서 제 주인인 사라를 업신여기기 시작했다. 사라는 아브라함에게 억울함을 호소했다. 아브라함은 사라에게 하가르는 사라의 종이니 마음 대로 하라고 했다. 그러자 사라는 하가르를 학대했고, 견디다 못한 하가르는 사막으로 달아났다. 이를 안 하느님이 하가르에게 천사를 보내어, 그녀의 자손이 번성하게 해줄 것이니 돌아가 주인에게 복종하라 일렀다. 하가르는 다시 돌아가 아들 이스마엘을 낳았다. 아브라함이 여든여섯 되던 해였다.

아브라함이 백 살 되던 해에 하느님의 약속대로 사라도 아들 이사악을 낳았다. 이사악이 젖을 떼던 날, 사라는 이스마엘이 이사악을 놀리는 것을 목격했다. 사라는 분노했다. 그녀는 몸종의 자식과 제 자식이 함께 상속받을 수 없다며 당장 하가르와 이스마엘을 내쫓으라고 아브라함에게 요구했다. 아브라함은 오랫동안 망설였다. 그는 이스마엘도 이사악과 똑같은 자기 아들이라 여기고 있었던 것이다. 그렇지만 사라의 뜻대로 하라는 하느님의 권고에 따라 하가르와 이스마엘을 내보냈다.

광야를 떠도는 하가르와 이스마엘

창세기 21장

아브라함은 약간의 식량과 물을 주고 하가르와 이스마엘을 내보냈다. 하가르와 이스마엘은 브에르세바라는 광야에 이르러 갈 길을 잃었다. 먹을 것과 마실 물도 다 떨어졌다. 하가르는 절망했다. 그녀는 울다 지친 아이를 덤불 아래에 내려놓고 조금 떨어진 곳에 주저앉아 물끄러미 아이를 바라봤다. 그리고 그들 앞에 드리운 죽음의 그림자를 느끼며 목 놓아 울기 시작했다.

한참을 울고 있을 때 천사의 목소리가 들려왔다. "하가르야, 두려워하지 마라. 하느님이 저기 있는 아이의 소리를 들으셨다. 일어나 가서 아이를 들어 올려 네 손으로 꼭 붙들어라. 하느님께서 그가 큰 민족을 이루게 할 것이다."

하느님은 하가르를 샘으로 인도했다. 하가르는 샘에서 물을 떠다가 이스마엘에게 먹였다. 이후 이스마엘은 사막에서 사냥을 하면서 하가르와 함께 살다가 이집트 여자를 아내로 맞이했다. 이스마엘은 12명의 아들을 낳았는데, 이들이 12개 부족을 이루었다. 이스마엘은 137년을 살고 세상을 떠났다.

아브라함을 시험하는 하나님

창세기 22장

어느 날 하나님이 아브라함을 불러서 말했다. “네 아들 이사악을 데리고 모리야로 가라. 그리고 내가 알려준 산에서 네 사랑하는 아들을 내게 제물로 바쳐라.”

청천벽력 같은 소리였다. 그러나 아브라함은 묵묵히 하느님의 명을 따랐다. 아브라함은 다음날 아침 일찍 하느님이 지시한 곳으로 이사악을 데리고 갔다. 번제에 쓸 장작을 지고 뒤따르던 이사악이 아브라함에게 물었다. “그런데 아버지, 제물로 쓸 양은 어디에 있나요?” 아브라함이 말했다. “그것은 하느님께서 손수 마련하실게다.”

마침내 목적지에 다다랐을 때 아브라함은 제단을 쌓고 장작을 얹었다. 그리고 아들 이사악을 결박하여 장작더미 위에 올려놓았다. 아브라함이 칼을 들고 이사악을 찌르려고 할 때였다. 하늘에서 다급한 목소리가 아브라함을 불러세웠다. “아브라함아, 아브라함아, 그 아이에게 손대지 마라. 그에게 아무 일도 하지 마라. 네가 하나뿐인 아들까지도 아낌없이 내게 바치려 하였으니, 나를 경외하는 네 마음을 이제 내가 알겠다.”

이 소리를 듣고 아브라함이 고개를 들어 보니 덤불에 뿔이 걸려 발버둥치는 숫양 한 마리가 보였다. 아브라함은 그 숫양을 잡아 번제물로 바쳤다. 이 일로 하느님은 아브라함을 더욱 신뢰하게 되었다.

사라의 장례식

창세기 23장

아브라함의 아내 사라는 가나안 땅 헤브론에서 세상을 떠났다. 사라의 나이 127세 되던 해였다.

아브라함은 사라의 빈소에 들어가 한참 동안 슬피 울었다. 잠시 후 빈소에서 나온 아브라함은 사라의 죽음을 애도하기 위해 방문한 히타이트 사람들에게 사라의 무덤으로 쓸 땅을 나눠달라고 부탁했다. 하느님을 섬기는 히타이트 사람들은 자신들의 묘지로 쓰려고 했던 땅 가운데 가장 좋은 땅을 골라 쓰라고 흔쾌히 허락했다. 그러자 아브라함은 히타이트 족의 한 사람인 에프론의 밭에 있는 막펠라 동굴을 사라의 묘지로 쓰고 싶다고 했다.

마침 그 자리에 에프론이 있었다. 아브라함의 말을 들은 에프론은 그 자리에 모인 사람들이 다 듣는 가운데 막펠라 동굴뿐 아니라 동굴 주변의 밭도 아브라함에게 공짜로 주겠다고 말했다. 그렇지만 아브라함은 밭과 동굴 값으로 은 400세겔을 지불하고, 동굴에 아내 사라를 묻었다.

엘리에셀과 레베카

창세기 24장

이사악은 어머니 사라가 죽은 뒤로 상심에 빠진 나날을 보냈다. 이런 아들의 모습을 본 아브라함은 이사악에게 배필을 구해줘야겠다고 생각했다. 그런데 아브라함은 가나안 여자를 며느리로 맞고 싶지 않았다. 그리운 고향 땅에 사는 여자를 며느리로 맞고 싶었다. 그래서 자신의 충직한 하인 엘리에셀을 고향으로 보냈다.

엘리에셀은 낙타 10마리에 각종 보화를 싣고 길을 떠났다. 그는 긴 여정 끝에 아브라함의 고향에 도착하여 우물가에서 잠시 휴식을 취했다. 그가 자신에게 주어진 임무를 잘 이행할 수 있게 해달라고 기도를 드리고 있을 때였다. 물동이를 멘 한 소녀가 우물가로 다가왔다. 한눈에 보기에도 매우 아름다운 그녀는 아브라함의 동생인 나호르의 손녀 레베카였다.

엘리에셀은 항아리에 물을 채운 레베카에게 물을 좀 나눠 달라고 부탁했다. 레베카는 엘리에셀과 낙타에게 항아리에 든 물을 마시게 했다. 엘리에셀은 레베카가 이사악의 신붓감임을 직감했다. 그래서 레베카의 집으로 가 자신이 온 목적을 이야기하고 가져온 보화를 내어주며 레베카를 데려가도 되는지 물었다. 가족들은 흔쾌히 허락했고, 레베카는 엘리에셀과 함께 아브라함의 집을 향해 길을 나섰다.

이사악과 레베카의 만남

창세기 24장

아사악은 저녁 무렵 들판을 걷고 있었다. 그가 우물가에 이르러 고개를 들어보니 저 멀리 낙타 떼가 다가오는 것이 보였다. 이사악의 신붓감을 데리고 돌아오는 엘리에셀의 무리였다.

무리 가운데 있던 레베카가 엘리에셀에게 물었다. "저기 들판에서 우리를 보고 있는 분은 누구신가요?" 엘리에셀은 그가 바로 레베카의 신랑이 될 이사악이라고 알려주었다. 그러자 레베카는 너울을 꺼내 얼굴을 가렸다.

무리가 이사악이 있는 곳에 다다랐다. 엘리에셀은 이사악에게 그동안에 있었던 일을 이야기해주었다. 모든 이야기를 들은 이사악은 어머니 사라가 쓰던 장막으로 레베카를 데리고 들어갔다. 이로써 두 사람은 부부가 되었다.

야곱을 축복하는 이사악

창세기 27장

이사악은 60세에 아내 레베카에게서 쌍둥이 아들을 보았다. 쌍둥이는 태어나면서부터 외모뿐 아니라 기질까지 서로 판이하게 달랐다. 장남 에사우는 거친 들을 쏘다니며 사냥하기를 즐겼고, 동생 야곱은 곱상한 외모에 조용한 성격으로 집안일하기를 더 즐겼다. 육식을 좋아하는 이사악은 에사우를 더 좋아한 반면 레베카는 야곱을 더 사랑했다.

어느 날 에사우가 사냥을 하고 집에 돌아와 보니 야곱이 죽을 끓이고 있었다. 에사우가 야곱에게 죽 한 그릇을 달라고 하자 야곱은 죽을 주는 대신 장남의 권리를 넘겨달라고 했다. 몹시 배가 고팠던 에사우는 야곱에게 장자권을 넘기겠다는 맹세를 하고 죽을 받아먹었다.

이제 이사악은 늙고 눈도 어두워졌다. 하루는 이사악이 에사우에게 사냥한 고기로 별미를 만들어오면 축복을 내려주겠노라 했다. 레베카가 이 말을 엿들었다. 야곱을 편애한 레베카는 계략을 짰다. 집에 있던 새끼 염소를 잡아 요리한 후 야곱에게 에사우의 옷을 입혀서 그 요리를 이사악에게 가져가게 했다. 이사악은 처음에는 야곱을 에사우로 착각했으나 곧 야곱이 자신을 속이는 것을 알아차렸다. 그러나 모든 게 하느님의 뜻이라 여기고 야곱의 손을 잡고 축복의 말을 했다. 이로써 에사우와 야곱의 운명은 뒤바뀌었다. 분노한 에사우는 야곱을 죽이려고 했다. 그러자 레베카가 고향에 있는 오빠 집으로 야곱을 피신시켰다.

야곱의 꿈

창세기 28장

형을 피해 외삼촌 라반이 사는 하란을 향해 가는 야곱의 여정은 길고도 험난했다. 어느 날 해질 무렵 야곱은 광야에서 돌을 베개 삼아 잠을 청했다. 금세 잠이 든 야곱은 꿈을 꾸었다. 땅과 하늘을 이어주는 사다리가 있는데 그 사다리로 천사들이 오르내리고 있었다. 그리고 하늘에서 하느님의 목소리가 들렸다. "네가 지금 누워 있는 이 땅을 너와 네 후손에게 주리라. 네 후손은 땅의 티끌만큼 불어나서 동서남북으로 널리 퍼질 것이다. 땅에 사는 모든 종족이 너와 네 후손의 덕을 입을 것이다. 내가 너와 함께 있어 네가 어디로 가든지 너를 지켜주다가 기어이 이리로 다시 데려오리라. 너에게 약속한 것을 다 이루어줄 때까지 나는 네 곁을 떠나지 않으리라."

잠에서 깬 야곱은 경외심에 사로잡혔다. 자신이 잠든 곳이 하느님의 집이요, 하늘문임을 깨달았다. 야곱은 자신이 베고 잔 돌을 세워 거기에 기름을 부은 후 그곳을 '베텔(하느님의 집)'이라 불렀다. 그리고 기원했다. "저를 지켜주셔서 제가 아버지가 계시는 집으로 무사히 돌아가게 해주시면, 여호와를 저의 하느님으로 섬길 것입니다. 그리고 제게 주시는 모든 것의 십분의 일을 반드시 하느님께 바치겠습니다."

라반의 가축을 돌보는 야곱

창세기 29장

야곱은 외삼촌 라반의 집에 도착했다. 라반에게는 두 딸, 레아와 라헬이 있었다. 야곱은 라헬을 좋아했다. 그래서 라반에게 7년 동안 그냥 일을 해줄 테니 라헬을 아내로 맞게 해달라고 했다. 라반은 승낙했다. 드디어 약속한 7년이 지나 야곱은 라헬과 혼인을 하게 됐다. 그러나 그날 밤 라반은 라헬이 아닌 레아를 야곱의 방에 들여보냈다. 야곱은 다시 7년간 일을 하기로 하고 라헬도 아내로 맞아들였다.

이렇게 라반의 집에서 14년간 일하는 동안 레아와 라헬, 그리고 그녀들의 몸종 둘에게서 모두 12명의 아들을 얻은 야곱은 고향으로 돌아가기로 마음먹었다. 그러나 라반은 야곱을 보내고 싶지 않았다. 그는 야곱에게 자신의 가축을 돌보는 일을 하면 야곱의 가족을 분가시켜주겠다고 했다. 야곱은 생각해볼 시간으로 하루를 달라고 했다.

날이 밝자 야곱은 라반에게 자신의 뜻을 전했다. 라반의 가축을 돌보는 일을 하되, 이번에는 무료로 일을 해주는 게 아니라 자신이 돌보는 가축 중에서 얼룩무늬가 있는 양이나 염소가 태어나면 그것을 품삯으로 받겠다고 했다. 라반은 흔쾌히 승낙했다. 자신에게 얼룩무늬 가축이 얼마 없었기 때문에 야곱이 품삯으로 가져갈 가축은 별로 없을 거라 계산했기 때문이다. 그러나 야곱을 축복하는 하느님은 튼튼한 가축이 새끼를 낳을 때마다 얼룩무늬가 태어나게 했다. 그리하여 야곱은 부자가 됐다.

PANNEMAKER

야곱의 기도

창세기 32장

야곱은 불어난 가축과 가족을 데리고 외삼촌 라반의 집을 떠나 고향으로 향했다. 야곱은 하인들을 먼저 고향집으로 보내어 부모님과 형 에사우에게 자신의 근황을 알리게 했다. 얼마 후 하인들이 돌아와 에사우가 장정 400명을 거느리고 야곱에게 오고 있음을 알렸다.

야곱은 두려웠다. 자신을 죽이려던 형 에사우가 아닌가. 야곱은 식솔과 가축 떼를 둘로 나누었다. 만약 형이 공격을 하더라도 절반은 살려야겠다는 생각에서였다. 그런 다음 형 에사우로부터 자신을 지켜달라고 간절히 기도했다.

그날 밤 야곱은 형 에사우에게 줄 선물로 염소, 낙타, 소, 나귀 등의 가축을 골라냈다. 그리고 하인들에게 명을 내려 가축을 나누어 이끌고 먼저 강을 건너가게 했다.

천사와 씨름하는 야곱

창세기 32장

야곱은 하인들에 이어 가족도 먼저 보냈다. 그런 다음 야영지에 홀로 남아 다시 기도했다. 그날 밤 캄캄한 어둠 속에서 누군가가 야곱의 팔을 움켜잡았다. 야곱은 그 알 수 없는 괴한과 밤새 씨름을 했다.

씨름이 새벽까지 계속되자 상대는 야곱에게 날이 밝기 전에 돌아가야 한다며 자신을 놓아달라고 했다. 순간 야곱은 자신과 씨름을 하고 있는 상대가 천사라는 것을 알아챘다. 야곱은 자신에게 축복을 내려주기 전에는 절대로 놓아주지 않겠다며 버텼다.

천사는 야곱에게 이름이 무어냐고 물어보았다. 그러고는 하느님과 겨루어 이겼으니, '속이는 자'라는 의미의 '야곱'에서 '이기는 자'라는 의미의 '이스라엘'로 이름을 바꾸라고 말하고는 홀연히 사라졌다.

이스라엘(야곱)은 자신이 하느님과 맞서고도 죽지 않고 살았다고 하여 그곳을 '하느님의 얼굴'이라는 뜻의 '프니엘'이라고 불렀다.

이스라엘과 에사우의 재회

창세기 33장

수백 명의 장정을 거느리고 이스라엘(야곱)을 찾아가던 에사우는 강가에 이르러 수백 마리의 가축 떼와 사람의 무리를 발견했다. 이스라엘의 식솔과 가축들이었다. 이스라엘은 아들과 아내들을 무리의 맨 앞에 세워두었다. 에사우가 어린아이를 좋아한다는 것을 알고 미리 계획한 것이었다.

과연 에사우는 아이들을 보고는 굳었던 마음을 누그러뜨렸다. 그는 귀여운 아이들과 수많은 가축을 보며 이스라엘이 하느님의 축복을 받아 번성했음을 깨달았다. 그때 이스라엘이 에사우의 앞으로 달려 나와 일곱 번의 큰절을 올렸다. 에사우는 이스라엘을 일으켜 세운 다음 입을 맞추고 포옹했다. 두 사람은 뜨거운 화해의 눈물을 흘렸다.

이스라엘은 에사우에게 자신의 가족을 소개하고 선물로 준비해둔 가축을 바쳤다. 에사우는 거절했지만 거듭된 이스라엘의 간청에 결국 받아들였다.

에사우는 이스라엘에게 자신과 함께 가자고 권했으나 이스라엘은 완곡히 거절했다. 그리하여 에사우는 세이르로, 이스라엘은 수콧으로 갔다. 세이르 산악 지방에 정착한 에사우는 가나안 출신 아내들로부터 여러 자식을 얻었다. 이들이 훗날 이스라엘 민족과 끊임없이 분쟁하게 되는 에돔 족의 선조다.

요셉을 팔아넘기는 형제들

창세기 37장

에사우와 헤어져 수콧으로 간 이스라엘은 다시 아버지가 살던 가나안 땅으로 돌아가 그곳에 정착했다. 이스라엘은 모두 12명의 아들을 두었는데, 그중 라헬이 낳은 요셉을 가장 사랑했다. 형제들은 그런 요셉을 질투했다.

어느 날 요셉은 꿈을 꾸었다. 곡식을 추수해서 수많은 단으로 묶어 놓았는데 형제들의 단이 요셉의 단 주위에 쭉 늘어서서 절하는 꿈이었다. 얼마 뒤 요셉은 또 꿈을 꾸었는데 해와 달, 그리고 11개의 별이 요셉에게 절하는 꿈이었다. 요셉은 가족에게 꿈 이야기를 했다. 그 일로 형제들은 요셉을 더욱 미워하게 됐다.

요셉이 양떼를 몰고 먼 들에 나간 형들을 찾아 나섰을 때였다. 요셉을 발견한 형들은 그를 죽이려고 했지만 차마 죽이지는 못하고 옷을 벗겨 구덩이에 던져 넣었다. 형들은 마침 그곳을 지나가는 아라비아 상인에게 요셉을 팔아넘겼다. 그런 다음 요셉의 옷에 염소피를 묻혀 집으로 가져가서 아버지 이스라엘에게 요셉이 들짐승에 물려 죽었다고 거짓말을 했다. 이스라엘은 사랑하는 아들 요셉이 죽었다는 말을 듣고 옷을 찢고 가슴을 치며 통곡했다.

파라오의 꿈을 풀어주는 요셉

창세기 41장

이집트로 간 아라비아 상인들은 요셉을 이집트 경호대장 포티파르에게 되팔았다. 포티파르는 신의 은총을 받은 요셉을 신임하여 그에게 거의 모든 권한을 줬다. 그런데 포티파르의 아내가 문제였다. 그녀는 요셉을 유혹했으나 실패하자, 남편에게 요셉이 자신을 욕보이려 했다고 거짓말을 했다. 분노한 포티파르는 요셉을 감옥에 집어넣었다.

요셉은 감옥에서도 간수장의 전폭적인 신임을 얻어 잘 지냈다. 어느 날 요셉은 같은 감옥에 투옥된 파라오의 신하 2명이 꾼 꿈을 정확하게 풀어주었다. 둘 중 한 명은 풀려나 복직되고 나머지 한 명은 죽게 될 것이라는 내용이었다.

몇 년 뒤 요셉은 파라오의 부름을 받았다. 파라오가 이상한 꿈을 꾸었는데, 감옥에서 요셉이 꿈풀이를 해주었던 신하가 파라오의 꿈을 풀어줄 사람으로 요셉을 추천했던 것이다. 파라오의 꿈은 살진 황소 7마리가 야윈 황소 7마리에게 잡아먹히고, 잘 여문 이삭 7개가 제대로 여물지 않은 이삭에 삼켜지는 내용이었다. 요셉은 7년의 풍년이 지나면 7년의 흉년이 닥칠 것이라고 풀어주었다.

요셉은 단순한 꿈풀이에 그치지 않고 다가올 흉년에 대비한 구체적인 방안까지 제시했다. 파라오는 요셉의 조언을 받아들였을 뿐만 아니라 요셉을 아예 재상으로 앉히고 왕에 버금가는 권한을 주었다.

형제들 앞에 나타난 요셉

창세기 43장

요셉이 잘 관리한 덕에 이집트에서는 흉년에도 곡식이 남아돌았다. 이 소식은 식량난에 허덕이는 이웃나라들에까지 퍼졌다. 가나안 땅에 살던 이스라엘은 막내 벤야민을 제외한 열 명의 아들을 이집트로 보내 곡식을 사오게 했다.

요셉은 곡식을 사러 온 형들을 금세 알아보았지만 자신의 정체를 숨겼다. 그리고 형제 중 한 사람을 억류한 뒤 나머지 형들에게 다시 가나안으로 돌아가 막내를 데려와야 곡식을 내주겠다고 했다. 고향으로 돌아간 형들은 아버지에게 이를 알렸다. 이스라엘은 요셉을 잃었듯이 벤야민도 잃게 될까봐 두려웠지만, 계속되는 기근에 어쩔 수 없이 벤야민을 이집트로 보냈다.

이리하여 요셉을 포함한 열두 형제가 다시 만났다. 요셉은 벤야민의 짐 속에 은잔을 숨긴 뒤 형제들이 고향으로 돌아가는 날 벤야민을 절도범으로 체포했다. 이는 형제들의 우애를 시험하기 위한 요셉의 책략이었다. 형들은 벤야민의 결백을 주장하며 자신들이 대신 벌을 받겠다고 했다. 형제애를 확인한 요셉은 그제야 슬피 울며 자신의 정체를 밝혔다.

형들은 자신들이 지은 죄 때문에 두려움에 떨었다. 그러나 요셉은 형들을 용서하고 극진히 대접한 후 가나안으로 돌려보내 아버지를 모셔오게 했다.

이집트로 간 이스라엘

창세기 46장

이집트에서 돌아온 아들들에게서 요셉의 소식을 전해들은 이스라엘은 가족을 모두 데리고 이집트로 갔다. 이집트에서 이스라엘은 사랑하는 아들 요셉과 재회하고, 파라오에게 하사받은 땅에서 양 치는 목자가 되었다. 이스라엘은 그곳에서 여생을 살다가 147세에 세상을 떠났다.

이스라엘은 생전에 자식들에게 유언을 남겼다. 자신이 죽으면 조상들이 묻힌 가나안 땅 막펠라 동굴에 묻어달라는 내용이었다. 요셉은 그 유언대로 이스라엘의 시신을 가나안으로 옮겨 그곳에서 장사를 지냈다. 이스라엘의 아들 12명은 각각의 가문을 이루어 이스라엘 12지파의 조상이 됐다.

요셉에 대한 파라오의 대우는 끝까지 관대했다. 덕분에 요셉과 그 형제들의 후손인 이스라엘인은 이집트 땅에서 수를 불리며 한동안 크게 번창했다. 세월이 흘러 늙은 요셉과 형제들도 모두 이집트 땅에서 죽음을 맞았다. 요셉은 죽기 직전에 후손들에게 그들이 훗날 가나안 땅으로 다시 돌아갈 것이니, 그때에 자신의 뼈도 함께 가져가라는 유언을 남겼다.

나일 강에 버려진 아기

탈출기 2장

세월이 흘러 이집트의 파라오가 바뀌었다. 새 파라오는 이스라엘인이 이집트인보다 더 번성해져서 반란을 일으킬까 두려워하여 이스라엘인을 억압하는 정책을 폈다. 그럼에도 이스라엘인이 더욱 늘어만 가자 파라오는 극단적인 방법을 썼다. 이스라엘인이 아기를 낳으면 딸은 살리고 아들은 모두 강물에 던져 죽이라는 것이었다.

이 시기에 이스라엘의 레위 가문에서 사내아이가 태어났다. 산모는 처음 석 달 동안은 아기를 숨겨서 키웠으나 아기가 커감에 따라 더는 숨길 수 없게 됐다. 그래서 갈대로 짠 바구니에 방수 처리를 한 다음 그 속에 아기를 넣고 나일 강변의 갈대숲에 놓아두었다. 이 모든 광경을 지켜보는 한 사람이 있었으니, 바로 아기의 누나였다.

이집트의 왕자가 된 모세

탈출기 2장

이집트의 공주가 목욕하러 강가에 갔다가 사내아기가 담긴 바구니를 발견했다. 아기가 이스라엘인임을 직감한 공주는 마음이 아팠다. 바로 그때 아기의 누나가 공주 앞에 나타나서, 원한다면 아기에게 젖을 먹일 유모를 구해오겠다고 말했다. 공주는 그러라고 했고, 아기의 누나는 아기의 엄마를 유모로 데려왔다. 공주는 그 아기에게 '모세(물에서 건진 아기)'라는 이름을 지어주고 자신의 아들로 삼았다.

이집트의 왕자가 된 모세는 공주의 사랑과 후원을 받으며 훌륭하게 성장했다. 모세의 생모는 양육과 교육을 비롯한 모든 부분에서 유모로서 소임을 다했다. 또 그의 뿌리가 이집트가 아닌 이스라엘임을 알려주지만 자신이 생모인 것은 끝내 밝히지 않은 채 생을 다했다.

모세는 40세에 나일 강변에서 우연히 누나를 만나 출생의 비밀을 알게 됐다. 어느 날 모세는 동포를 살피러 공사장에 갔다가 그곳에서 이스라엘인을 폭행하는 이집트 감독관을 보게 되고, 울분을 참지 못해 그를 살해했다. 그 사실을 안 파라오가 모세를 죽이려 했다. 모세는 파라오를 피해 미디안 땅으로 도망쳤다. 그는 그곳에서 미디안 족 여인을 아내로 맞아 양을 치면서 새로운 삶을 시작했다.

파라오 앞에 선 모세와 아론

탈출기 7장

양을 치며 살던 모세가 호렙 산에 갔을 때였다. 불길이 치솟는 나무에서 모세를 부르는 소리가 들렸다. 하느님이었다. 하느님은 이집트에서 핍박받는 이스라엘 민족을 구출하여 풍요로운 땅 가나안으로 보내겠다고 했다. 그리고 모세를 그 일의 지도자로 세우고 그에게 기적을 행하는 능력을 주었다.

모세는 형 아론과 함께 이집트의 이스라엘인을 모아놓고 하느님의 말씀을 전했다. 그러고는 파라오를 찾아갔다. 모세와 어린 시절을 함께 했던 파라오는 돌아온 모세를 매우 반겼다. 그러나 모세가 이스라엘인들과 함께 이집트를 떠나 광야에 살면서 하느님께 제사를 지낼 수 있게 해달라고 요구하자 태도가 돌변했다. 파라오는 하느님이 아닌 다른 신을 섬겼기 때문이다.

모세의 방문 이후 파라오는 이스라엘인을 더욱 핍박했다. 노동량이 늘고 노동의 강도가 더욱 세졌으며 가혹한 채찍질이 더해졌다. 모세는 하느님의 계시를 받고 다시 아론과 함께 파라오를 찾아갔다.

요구를 들어주지 않는 파라오의 앞에서 아론이 지팡이를 던지자 지팡이가 뱀으로 변했다. 이에 맞서 이집트의 마법사도 지팡이를 던지자 그 지팡이도 뱀이 됐지만, 아론의 뱀이 마법사의 뱀을 삼켜버렸다. 이런 광경을 보고도 파라오는 모세와 아론의 요구를 들어주지 않았다.

이집트의 가축을 모두 죽임

탈출기 9장

모세와 아론은 다음날 다시 파라오를 찾아갔다. 아론이 지팡이로 강물을 치자 강물의 색이 핏빛으로 변했다. 이에 질세라 이집트 마법사들도 다른 강물을 피로 바꿨다. 그러자 이집트의 모든 물이 피로 변하고 물고기가 썩어 죽었으며 사람들은 물을 마실 수 없게 됐다.

그래도 파라오가 모세와 아론의 청을 들어주지 않자 아론은 이집트 전역에 개구리가 들끓게 했다. 이번에도 마법사들이 흉내를 냈다. 개구리로 인해 피곤해진 파라오는 모세와 아론에게 개구리들을 없애주면 청을 들어주겠다고 했다. 모세가 기도하자 하느님이 그의 기도를 들어주었으나, 파라오는 약속을 지키지 않았다.

아론은 먼지를 쳐서 모기로 만들었다. 이집트 전역에 모기가 들끓고 사람과 가축을 공격했다. 이번에는 마법사들이 따라하지 못했다. 그러나 파라오는 패배를 인정하지 않았다.

이제 하느님이 직접 이집트 전역을 파리떼로 뒤덮이게 했다. 그러나 이스라엘인이 거주하는 지역에는 파리가 생기지 않았다. 파라오는 파리떼를 없애주면 청을 들

어주겠다고 했지만, 파리떼가 사라지자 약속을 지키지 않았다.

하느님은 이집트의 모든 가축이 전염병에 걸려 죽게 했다. 그러나 이스라엘인의 가축은 한 마리도 죽지 않았다. 파라오는 이것을 보고도 이스라엘 민족을 보내주지 않았다.

암흑세계가 된 이집트

탈출기 10장

하느님은 모세를 시켜 재 한 움큼을 공중에 뿌리게 했다. 그 재는 이집트의 모든 사람과 가축의 몸에 닿아 피부병을 일으켰다. 이어 모세는 앞으로 이집트 전역에 우박이 내릴 것인데 하느님을 믿는 사람은 가축과 함께 집안으로 피해 있으라고 경고했다. 곧 우박이 쏟아졌고, 모세의 경고대로 집안에 피하지 않은 사람들과 그들의 가축과 작물들은 모두 우박에 맞아 죽거나 상했다.

그래도 파라오가 뜻을 꺾지 않자 하느님은 메뚜기떼를 보냈다. 모세가 지팡이를 들자 동풍을 타고 메뚜기떼가 나타나 이집트 전역을 새까맣게 뒤덮고 먹을 수 있는 모든 초목을 먹어치웠다. 파라오는 잘못을 시인하고 용서를 구했으나, 하느님이 메뚜기떼를 없애주자 또다시 마음을 바꿔먹었다.

이제 하느님은 이집트 전역을 암흑에 빠뜨렸다. 한 치 앞도 볼 수 없는 암흑이 사흘간 이어졌으나 이스라엘인이 사는 곳만은 빛이 환했다. 더 이상 견디기 어렵다고 판단한 파라오가 모세를 불러 모든 이스라엘인은 가축만 남기고 떠나라고 했다. 그러나 모세는 단 한 마리의 가축도 두고 갈 수 없다고 했다. 분노한 파라오는 모세에게 썩 물러가고 다시는 나타나지 말라고 했다.

맏이를 모두 죽임

탈출기 12장

하느님은 이집트에 마지막 재앙을 내리기로 했다. 그것은 사람이건 동물이건 이집트에서 태어난 모든 맏이를 죽이는 일이었다.

모세의 지시에 따라 이스라엘 민족은 마지막 재앙에 대비했다. 해질 무렵 수컷 양 한 마리를 잡아서 그 피를 집집마다 문설주에 바르고, 그 고기는 구워 누룩 없는 빵과 쓴 나물을 곁들여 먹었다.

그날 밤 하느님은 이집트 내의 모든 맏이를 죽였다. 파라오의 맏아들도 예외가 아니었다. 이집트 전역에서 울음소리가 났다. 그러나 문설주에 양의 피를 발라둔 이스라엘인들은 아무런 화도 당하지 않았다.

이집트 탈출

탈출기 12장

더 이상 견딜 수 없게 된 파라오가 한밤중에 모세와 아론을 불러들여 떠나라고 했다. 원하는 대로 모든 가축을 가져가도 좋으며 자신을 위해서도 복을 빌어달라고 파라오는 말했다.

이집트 백성도 두려움에 떨었다. 그들은 자신들이 떼죽음을 당하고 자손이 끊기는 것을 면하려면 이스라엘인들을 모두 내보내야 한다는 것을 깨달았다. 그래서 이스라엘인들에게 자신들이 갖고 있던 금붙이와 은붙이를 달라는 대로 다 내주면서 떠나달라고 재촉했다.

이로써 이스라엘 민족은 430년 만에 이집트 땅을 떠나게 됐다. 그들은 떠나면서 요셉의 유언에 따라 그의 유골을 가지고 가는 것을 잊지 않았다.

갈대 바다의 기적

탈출기 14장

이집트를 떠난 이스라엘 민족은 밤낮없이 걸었다. 하느님은 낮에는 구름기둥, 밤에는 불기둥으로 그들이 가는 길을 인도했다. 한편 이스라엘인이 떠나고 얼마 뒤 파라오는 후회를 했다. 그는 곧장 정예부대를 편성해 이스라엘인을 추격했다.

이스라엘 민족이 피하히롯 해변에 당도해 갈대 바다(홍해)를 건널 준비를 하며 쉬고 있을 때였다. 저만치 뿌연 흙먼지가 일었다. 그들을 뒤쫓아 온 파라오와 병사들이었다. 도망칠 곳 하나 없는 막다른 장소에서 이집트 병사들과 맞닥뜨리게 된 이스라엘 진영은 아수라장이 됐다. 이스라엘인은 자신들을 사지로 내몰았다며 하느님과 모세를 원망했다.

모세는 하느님이 지켜줄 것이라며 백성들을 진정시켰다. 그러자 앞에서 이스라엘 민족을 인도하던 구름기둥이 뒤로 가더니 이집트 병사들 앞을 가로막았다. 이어 모세가 갈대 바다를 향해 팔을 뻗자 놀라운 일이 벌어졌다. 갈대 바다가 갈라지고 마른 땅이 나온 것이다. 이스라엘인은 갈라진 곳으로 걸어서 무사히 갈대 바다를 건넜다.

이집트 군대도 이스라엘인을 뒤따라갔다. 그러나 그들을 가로막은 구름기둥과 하느님의 방해 때문에 앞으로 나아갈 수가 없었다. 모세가 다시 갈대 바다를 향해 팔을 뻗자 갈라져서 벽을 이루고 있던 물기둥이 이집트 병사들을 덮쳤다.

호렙 산의 바위를 깨는 모세

탈출기 17장

갈대 바다를 건넌 이스라엘 민족은 계속해서 광야를 걸었다. 거친 광야에서는 하루하루 지내기가 힘들었다. 이집트에서 나온 지 45일째 되는 날엔 식량도 바닥났다. 굶주린 사람들은 이집트에서 노예처럼 살던 때도 밥은 굶지 않았다며 오히려 그때가 더 좋았다고 투정하기 시작했다. 그러자 하느님이 아침에는 이슬 같은 만나를, 저녁에는 메추라기를 보내주어 그들의 투정을 잠재웠다.

이스라엘인들이 르피딤에 이르렀을 때다. 이번에는 마실 물이 떨어졌다. 설상가상으로 르피딤은 물이 없는 지역이었다. 사람들이 술렁이기 시작했다. 그들은 자신들을 말려 죽이려고 이집트에서 끌고 나왔냐고 거칠게 항의하며 모세와 하느님을 원망했다. 뿐만 아니라 그들은 "하느님이 정말 우리와 함께 하긴 하는 거냐"며 하느님의 존재를 의심했다. 마치 여태껏 하느님이 보여준 모든 기적을 깡그리 잊은 듯했다.

이에 모세가 하느님의 계시를 받아 원로들을 데리고 호렙 산으로 갔다. 모세는 호렙 산의 한 바위 앞에 이르러, 들고 있던 지팡이로 바위를 쳤다. 그러자 바위에서 물이 터져 나와 이스라엘인들의 마른 목을 축여주었다.

계약을 맺다

탈출기 20장

시나이 광야에 도착한 이스라엘 민족은 그곳에 진을 치고, 자신들을 인도하는 하느님을 믿고 따를 것을 다짐했다. 모세는 시나이 산에 올라가 하느님께 그 다짐을 전하고 내려왔다.

모세가 산에서 내려온 지 사흘째 되던 날 시나이 산에 짙은 구름이 덮이더니 천둥번개와 함께 나팔소리가 울려퍼졌다. 모세는 사람들을 이끌고 산기슭으로 갔다. 하느님의 목소리가 천둥소리처럼 울려 퍼졌다. 모세는 두려움에 떨며 멀찍이 떨어져 서있는 사람들 틈에서 나와 산으로 다가갔다. 하느님은 십계명을 비롯하여 이스라엘 민족이 앞으로 지켜야 할 율법들을 모세에게 알려주며 기록하게 했다.

다음 날 모세는 산기슭에 제단을 쌓았다. 이어 12지파를 상징하는 12개의 기둥을 세우고, 하느님의 율법을 기록한 계약서를 낭독했다. 그리고 소를 잡아 그 피의 절반은 제단에, 나머지 절반은 사람들에게 뿌렸다. 하느님과 이스라엘 민족 사이에 피의 계약이 맺어지는 순간이었다.

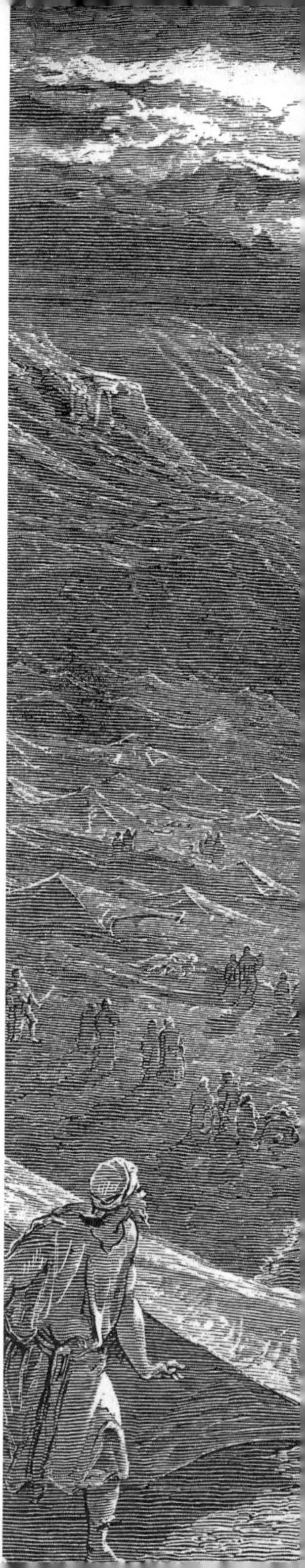

십계명을 들고 시나이 산을 내려오는 모세

탈출기 31장

피의 계약식을 마친 모세는 여호수아를 데리고 다시 시나이 산으로 향했다. 하느님이 친히 돌판에 새겨 주기로 한 십계명을 받기 위해서였다.

모세와 여호수아가 산 중턱쯤 이르렀을 때 구름이 온 산을 뒤덮었다. 두 사람은 더 이상 오르지 못하고 그곳에서 하느님의 부름을 기다렸다. 구름이 산을 가린 지 이레째 되던 날 하느님이 모세를 불렀다. 모세는 산 중턱에 여호수아를 남겨두고 홀로 정상에 올라갔다.

하느님은 모세에게 이스라엘 백성이 자손대대로 지켜야 할 율법과 규례들을 다시금 일러주었다. 하느님이 머물 성소와 그곳에서 쓸 기물들에 대한 세부적인 지침도 알려주었다. 가르침은 장장 40일에 걸쳐 이루어졌다.

모든 가르침이 끝난 뒤 하느님은 자신이 직접 기록한 십계명판 두 장을 주었다. 모세는 앞뒤로 빼곡히 글자가 새겨진 그 돌판을 받아들고 시나이 산을 내려왔다.

돌판을 깨뜨리는 모세

탈출기 32장

십계명이 새겨진 돌판을 들고 시나이 산을 내려오는 모세의 눈앞에 경악을 금치 못할 광경이 펼쳐졌다. 사람들은 우상을 만들지 말라는 하느님의 계명을 어기고 금송아지를 만들어 그 앞에서 제사를 지내며 춤판을 벌이고 있었다. 모세가 시나이 산에 오른 뒤로 오랫동안 소식이 없자 불안해진 사람들이 자신들을 인도할 새로운 신을 만든 것이었다.

모세는 분노했다. 그는 어렵게 받아 온 돌판을 내던져 산산조각 내 버렸다. 그리고 금송아지를 불에 태운 뒤 그것을 빻아 만든 가루를 물에 타서 사람들에게 마시게 했다. 모세는 이스라엘 백성과 그들을 제대로 지도하지 못한 아론을 크게 나무랐다.

하지만 사람들은 반성은커녕 자신들의 행위를 합리화하며 더욱 방자하게 굴었다. 이에 모세가 하느님을 믿는 사람들을 불러 모았다. 레위의 자손들이 모세에게 갔다. 모세는 그들을 칼로 무장시킨 뒤 뉘우치지 않는 자들을 모조리 처형하게 했다. 이날 약 삼천 명의 이스라엘인이 죽임을 당했다.

약속의 땅에서 돌아온 정탐꾼

민수기 13장

이스라엘 민족이 바란 광야에 이르렀을 때 모세는 12지파에서 한 명씩을 뽑아 가나안을 정탐하는 임무를 맡겼다. 가나안에 사는 사람들이 강한지 약한지, 그 수가 많은지 적은지, 그들이 장막을 치고 사는지 성벽을 쌓고 사는지, 가나안의 토지가 비옥한지 메마른지를 알아보고 그곳에서 나는 과실을 따서 갖고 돌아오는 것이 정탐꾼들의 임무였다.

정탐꾼들은 40일 동안 가나안을 살피고 돌아왔다. 그들은 가나안에서 따 온 탐스러운 포도송이와 무화과 등의 과실을 모세 앞에 내려놓으며, 그곳은 젖과 꿀이 흐르는 땅이라고 입을 모았다. 그리고 그곳 사람들은 몸이 크고 강하며, 튼튼한 성곽을 짓고 살고 있다고 전했다.

이때 정탐꾼들 가운데 칼렙이 나서서 말했다. "우리가 그 땅을 차지해야 합니다. 우리는 그들과 싸워 이길 수 있습니다." 그러자 여호수아를 제외한 다른 정탐꾼들이 반대하고 나섰다. 가나안은 사람이 살 수 없는 땅이고, 거인처럼 크고 강한 가나안 사람에 비하면 이스라엘 사람은 메뚜기에 불과해 그들과 맞서 싸우면 다 죽고 말리라는 것이었다. 이에 이스라엘 사람들이 술렁이기 시작했다. 흥분한 사람들은 하느님을 원망하며, 가나안으로 진군하자는 칼렙과 여호수아에게 돌을 던졌다.

이 일로 이스라엘 민족은 약속의 땅 가나안에 바로 들어가지 못하고 광야에서 40년을 떠돌게 된다.

코라, 다탄, 아비람의 죽음

민수기 16장

레위의 자손 코라가 반역을 일으켰다. 그는 르우벤의 자손 다탄, 아비람 등과 함께 반대파를 조직하여 250명의 지도자들을 끌어들였다. 코라는 "하느님이 우리 모두와 함께 하는데 당신들이 왜 우리 위에 군림하려 하느냐"며 모세와 아론에게 대적했다. 모세는 아무런 항변도 하지 않고, 다음날 아침 향로에 불을 피워 하느님 앞에 나아가 판결을 받자고 했다.

다음날 모든 사람이 지켜보는 가운데 모세와 아론, 그리고 코라의 무리들이 향로를 들고 회막 앞에 모였다. 이윽고 하느님이 모세에게 말했다. "사람들에게 코라, 다탄, 아비람의 거처 주위에서 물러서라고 일러라. 내가 그들을 멸할 것이다." 모세는 사람들을 향해 곧 하느님의 심판이 내릴 것이니 반역자들의 주위에서 떠나라고 말했다. 모세의 말이 끝나자마자 코라와 다탄과 아비람의 장막 아래에 있는 땅이 갈라지더니 그들과 그들의 가족, 그리고 그들의 재산을 모조리 삼켜버렸다. 또 코라의 편에 섰던 지도자 250명이 들고 있던 향로에서 불이 나와 그들을 모두 불살라버렸다.

구리로 만든 뱀

민수기 21장

이스라엘 민족이 가나안으로 가기 위해서는 에돔 왕국을 통과해야 했다. 그러나 에돔의 왕이 길을 내주지 않았다. 이스라엘인들은 어쩔 수 없이 갈대 바다 쪽으로 우회해 가야 했다. 그 길은 무척 험난했다. 험난한 여정 중에 아론이 생을 다하고 그의 아들이 사제직을 물려받았다.

열악한 광야 생활이 길어지자 군중은 또다시 술렁이기 시작했다. 그들은 공연히 자기들을 이집트에서 끌어내어 고생시킨다고 모세와 하느님을 원망했고, 늘 먹는 만나도 진저리가 난다고 투덜거렸다.

이를 본 하느님이 불뱀을 보내 사람들을 닥치는 대로 물게 했다. 불뱀에 물려 죽는 사람이 속출하자 이스라엘 백성은 모세에게 찾아가 잘못을 뉘우치며 살려달라고 간청했다. 모세는 하느님께 기도했다. 하느님이 모세의 기도를 듣고, 구리로 뱀을 만들어 장대에 매달라고 일렀다. 모세가 그 말대로 하니 불뱀이 사라졌고, 불뱀에 물린 사람들도 그 구리 뱀을 보고 치유됐다.

이제 이스라엘 민족은 더이상 투덜대지 않았다. 그들은 믿음으로 무장하고 가나안을 향해 계속 나아갔다. 아모리 족과 바산 족이 이스라엘인들에게 길 내어주기를 거부하고 공격을 해왔다. 이스라엘인들은 하느님의 비호 아래 그들을 대파했다. 이리하여 이스라엘인들은 요르단 동쪽의 많은 땅을 차지하고 여리고 맞은 편에 있는 모압 왕국에 이르렀다.

발라암 앞에 나타난 천사

민수기 22장

이스라엘인들이 모압 평원에 진을 치자 모압 왕 발락은 겁을 집어먹었다. 발락 왕은 궁리 끝에 발라암이라는 예언자를 모셔와 이스라엘인들을 물리칠 방법을 구해보기로 했다. 모압의 사절단이 발라암을 찾아가서, 함께 모압으로 가 이스라엘인들을 저주하고 그들을 몰아낼 수 있게 해달라고 부탁했다. 발라암은 이를 하느님께 고하고, 하느님의 뜻에 따라 사절단을 그냥 돌려보냈다. 얼마 뒤 발락 왕은 더 큰 규모의 사절단을 보내 발라암을 회유했다. 이번에는 발라암이 사절단을 따라나섰다.

발라암이 탄 나귀가 갑자기 길을 벗어나 엉뚱한 곳으로 갔다. 발라암이 나귀를 돌려세우려 했으나, 나귀는 더 이상한 길로 가더니 급기야 바닥에 주저앉아 버렸다. 칼을 든 천사가 나타나 길을 막아서자 나귀가 그를 피해 다른 길로 들어선 것이었다. 발라암은 그런 사실을 알지 못했다. 화가 난 발라암은 나귀에게 채찍질을 가했다. 그러자 나귀가 자기한테 왜 그러느냐고 말을 하는 것이 아닌가! 그제야 발라암은 칼을 든 천사가 길을 막고 선 것을 발견했다. 놀란 발라암은 자신의 잘못을 빌고 하느님이 원치 않으면 사절단을 따라가지 않겠다고 말했다. 이에 천사는 사절단을 따라가되 하느님이 시키는 대로만 하라고 지시했다. 발라암은 모압으로 갔다. 그러나 발라암은 모압 왕 발락이 원하는 대로 이스라엘을 저주하는 대신 하느님의 뜻대로 이스라엘을 축복했다.

요르단 강을 건너다

여호수아기 3장

모압에서 모세는 여호수아에게 지도자의 자리를 물려주고 숨을 거두었다. 이스라엘 백성은 새 지도자 여호수아의 지휘 아래 요르단 강가에 진을 쳤다. 그들은 곧 요르단 강을 건널 참이었다.

드디어 도하의 날이 왔다. 모든 사람이 몸을 정결히 하고 모인 가운데, 여호수아가 사제들에게 계약궤(두 장의 십계명판을 넣은 궤)를 메게 한 후 말했다. "계약궤를 멘 사제들이 요르단 강에 발을 담그면 흐르던 강물이 갈라지리라."

여호수아의 말대로 사제들이 요르단 강에 들어서자 강물이 갈라져 길이 생겼다. 그 길을 걸어 이스라엘 백성이 요르단 강을 건넜다. 사람들이 강을 건너고 마지막으로 궤를 멘 사제들까지 나오자 강물은 다시 이전처럼 흘렀다.

여호수아 앞에 나타난 천사

여호수아기 5장

요르단 강을 건넌 이스라엘인들은 예리코 성 동쪽에 위치한 길갈에 진을 쳤다. 그런 다음 요르단 강을 건널 때 강 바닥에서 가져온 열두 개의 돌로 기념비를 세우고, 이집트를 탈출한 이후 광야에서 태어난 백성들을 대상으로 대대적인 할례를 시행했다.

길갈에 진을 친 그 달 열나흗날에 이스라엘 사람들은 그곳 땅에서 수확한 농산물로 음식을 만들어 파스카(이스라엘인이 이집트를 탈출한 것을 기리는 날) 축제를 지냈다. 그날 이후로 하늘에서 더 이상 만나가 내리지 않았다.

이제 이스라엘인들은 여호수아의 지휘를 받아 본격적으로 가나안에 입성하기 위해 예리코 성 쪽으로 나아갔다. 그들이 예리코 성 가까이에 다다랐을 때였다. 여호수아의 앞에 칼을 든 한 사람이 나타났다. 여호수아가 누구냐고 묻자 그는 하느님의 군대를 이끌 총사령관이라고 답했다. 여호수아가 신발을 벗고 하느님의 사령관 앞에 엎드렸다. 그러자 하느님의 사령관은 이스라엘 민족이 예리코 성 안으로 들어갈 수 있는 방법을 여호수아에게 알려주었다.

무너진 예리코 성

여호수아기 6장

예리코 성문은 굳게 닫혀 있었다. 여호수아는 하느님의 총사령관이 알려준 것을 실행에 옮겼다.

최정예 부대를 선발해서 선두에 세우고, 그 뒤로 나팔을 든 사제 일곱 명을 세웠다. 다시 그 뒤로 계약궤를 멘 사제들을 세우고, 맨 뒤에는 무장한 모든 백성이 따라갔다. 행렬은 일곱 명의 사제들이 나팔을 부는 소리만이 들리는 가운데 침묵 속에서 예리코 성 둘레를 매일 한 바퀴씩 돌았다. 이러한 행동은 엿새 동안 계속됐다. 이레째 되는 날, 행렬은 나팔소리에 맞춰 예리코 성을 일곱 바퀴 돌았다. 마지막 일곱 바퀴를 알리는 나팔소리가 울려 퍼지자 여호수아가 외쳤다. "모두 크게 소리를 질러라!"

여호수아의 지휘에 따라 이스라엘 백성들이 일제히 함성을 올렸다. 그러자 거짓말처럼 예리코 성벽이 무너져 내렸다. 이스라엘 군대는 무너진 성벽을 넘어 예리코로 진격하여 남녀노소를 불문하고 모든 사람과 가축을 칼로 쳐 없앴다.

죽음을 피한 라합과 그의 가족

여호수아기 6장

여호수아는 예리코를 정복하기 얼마 전에 두 사람을 보내 예리코를 정탐하고 오게 했다. 당시 두 정탐꾼은 라합이라는 여자의 집에 머물렀다. 이를 안 예리코 왕이 그들을 체포하기 위해 사람을 보냈는데, 라합이 그들을 숨겨주었다.

목숨을 건진 두 정탐꾼은 훗날 이스라엘인들이 예리코를 정복할 때 라합과 그의 가족만은 반드시 살려주기로 맹세했다. 그러면서 그때가 오면 모든 가족을 집안에 모아놓고, 이스라엘 군대가 알아볼 수 있도록 창틀에 붉은 천을 달라고 했다. 이스라엘 진영으로 돌아간 두 정탐꾼은 여호수아에게 예리코에서 보고 겪은 모든 것을 보고했다.

정복의 날에 여호수아는 전에 예리코에 갔던 두 정탐꾼을 라합의 집에 보내 그와 그 가족을 구출해오게 했다.

폐허가 된 예리코 성 위에서 여호수아가 외쳤다. "누구든 이 성을 다시 쌓는 자는 하느님의 저주를 받을지니, 기초를 쌓는 자는 큰아들을 잃을 것이요, 문을 세우는 자는 막내아들을 잃을 것이다." 이날 이후 여호수아와 이스라엘인들의 용맹함이 온 땅에 알려졌다.

돌에 맞아 죽는 아칸

여호수아기 7장

예리코를 점령한 여호수아는 아이로 정탐꾼을 보냈다. 돌아온 정탐꾼은 이삼천 명의 군사로도 능히 아이를 정복할 수 있을 거라고 보고했다. 그러나 아이를 치러 간 이스라엘 군대는 대패하여 돌아왔다.

놀란 여호수아와 장로들이 계약궤 앞에 꿇어 엎드려 울부짖었다. "하느님, 어찌하여 우리를 버리려고 하십니까!" 하느님은 이스라엘 백성 가운데 부정한 자가 있으니 그를 벌하기 전에는 그들과 함께하지 않겠다고 단호히 말했다.

다음 날 여호수아는 모든 백성을 모아놓고 부정한 자를 색출했다. 그 결과 유다 지파의 아칸이라는 자가 붙잡혔다. 그는 예리코 정복 때 신에게 바쳐진 제물 가운데 일부를 몰래 훔쳐 갖고 있었다.

여호수아는 아칸의 장막에 사람을 보내 훔친 제물을 찾아오게 한 뒤 아칸과 그의 가족, 그리고 그의 가축들을 모두 골짜기로 끌고 가 심판했다. "너로 인해 이스라엘 백성이 고통을 겪었으니, 오늘은 네가 그 고통을 겪을 것이다." 이 말이 끝나자 백성들이 아칸과 그의 식솔과 가축을 모조리 돌로 쳐 죽였다.

아이 성을 불태우는 여호수아

여호수아기 8장

아칸을 처형한 뒤 이스라엘인들은 다시 아이 정복에 나섰다. 이번에는 전군이 투입됐다. 점령이 끝나면 아이의 물건과 가축 등을 전리품으로 가져도 된다는 허락이 떨어졌다.

여호수아는 일부 군사를 아이 성 밖에 매복시켜둔 뒤 나머지 군대를 이끌고 아이로 진격했다. 이스라엘 군대가 진격해오자 아이 왕도 군대를 이끌고 반격에 나섰다. 이것을 본 여호수아가 돌연 군대를 이끌고 후퇴하자 아이 왕은 그들을 추격했다.

아이 왕이 이스라엘 군을 쫓아 아이 성 밖 먼 곳까지 나왔을 때 성문 밖에서 매복하고 있던 이스라엘 군대가 성 안으로 들어가 아이를 점령하고 성을 불태웠다. 아이 성이 함락된 것을 확인한 여호수아는 다시 군대를 되돌려 뒤쫓아 온 아이 왕과 그의 군대를 격파했다.

아모리 군대를 격파함

여호수아기 10장

이스라엘이 예리코에 이어 아이까지 정복하고 그 백성을 도륙했다는 소식이 인근 부족들에게 전해졌다. 위협을 느낀 여러 부족들이 서로 연합하여 이스라엘에 대적할 계획을 세웠다. 그러나 눈치 빠른 기브온은 재빨리 사절단을 보내 이스라엘과 화친을 맺었다.

기브온이 이스라엘과 화친을 맺었다는 소식을 들은 아모리 족의 다섯 왕은 군대를 이끌고 기브온으로 쳐들어갔다. 기브온의 지원 요청을 받은 여호수아도 이스라엘 군대를 이끌고 출격했다.

밤새 달려 기브온에 도착한 이스라엘 군대는 아모리 군대를 급습해 격퇴했다. 후퇴하는 아모리 군의 머리 위로 설상가상으로 우박이 쏟아졌다. 이날 칼에 맞아 죽은 아모리 군사보다 우박에 맞아 죽은 아모리 군사가 더 많았다.

태양과 달을 멈추게 한 여호수아

여호수아기 10장

대패하여 달아나는 아모리 군대를 쫓던 여호수아가 하늘을 향해 외쳤다. "해야, 기브온의 하늘로 와서 머물러라! 달아, 너는 아얄론 골짜기에서 멈추어라!" 그러자 해와 달이 그 자리에 멈추었다. 이날 여호수아가 이끄는 이스라엘 군대는 아모리 족을 전멸시키고 도망친 다섯 왕을 붙잡아 처형했다.

이후로도 한동안 주변의 여러 부족들이 이스라엘에 대적해왔다. 이스라엘은 그들을 맞아 차례로 섬멸했다. 이로써 모든 전쟁이 끝나고 여호수아는 이스라엘의 각 지파에 정복한 땅을 나누어주었다.

야엘과 시스라

판관기 4장

가나안에 입성한 이스라엘 백성은 한동안 평화롭게 살았다. 세월이 흘러 여호수아가 세상을 떠났다. 이스라엘의 장로들도 차례로 조상 곁으로 갔다. 이집트를 탈출해 가나안에 들어오기까지 수많은 전투를 치르며 하느님의 은총을 경험했던 이들이 모두 죽자 후손들은 서서히 그들의 신을 잊어갔다. 그들은 가나안 땅에 남아있던 다른 민족과 뒤섞여 살면서 이민족의 풍습을 따르고 이민족의 신을 섬기기 시작했다.

그즈음 가나안 족의 후손인 야빈이 군대를 일으켜 이스라엘을 침략했다. 장수 시스라가 지휘하는 야빈의 군대는 막강한 병력을 주둔시켜 놓고 이스라엘 백성을 괴롭혔다. 이스라엘의 여성 판관 드보라는 납탈리 지파의 바락을 불러서 '군대를 일으켜 야빈의 군대와 맞서 싸우라'는 하느님의 뜻을 전했다. 그런데 바락은 드보라가 함께 가주어야 싸우겠다고 했다. 드보라는 함께 가주겠다고 하면서 이렇게 덧붙였다. "승리는 하겠지만, 적장 시스라의 목은 다른 여자의 손에 넘어갈 것이오."

바락이 이끄는 이스라엘 군대는 야빈의 군대를 대파했다. 홀로 탈출한 적장 시스라는 동맹을 맺고 있던 하베르의 장막으로 도망쳤다. 하베르의 아내 야엘은 시스라를 장막에 들인 후 우유와 담요를 주었다. 잠시 뒤 피곤에 지친 시스라가 곯아떨어지자 야엘이 숨어들어가 시스라의 머리에 말뚝을 박아 죽였다.

야엘을 축복하는 드보라

판관기 5장

야엘은 이스라엘인이 아닌 이방인이었다. 드보라는 이방인임에도 시스라를 죽여 이스라엘을 도운 야엘을 축복했다. 그리고 다시금 이스라엘을 지켜준 하느님을 찬양했다.

장수 시스라를 잃은 야빈의 군대는 기세가 완전히 꺾였다. 이스라엘 군대는 여세를 몰아 야빈의 군대를 섬멸했다. 이로써 이스라엘에 다시 찾아온 평화는 이후 40년간 유지됐다.

삼백 명의 군사만을 남긴 기드온

판관기 7장

세월이 흘러 이스라엘 사람들은 다시 그들의 신을 잊고 나태하게 살기 시작했다. 이번에는 미디안 족이 이스라엘을 침략했다. 그러나 하느님은 이스라엘을 괘씸하게 여기고 외면했다. 그런 까닭에 이스라엘은 7년간 미디안의 괴롭힘을 받게 됐다.

미디안의 핍박을 견디다 못한 이스라엘이 다시 자신들의 신을 찾아 부르짖었다. 이에 하느님은 판관 기드온을 불러 미디안과 맞서 싸우게 했다.

기드온이 군대를 이끌고 전장을 향해 가던 중 말했다. "누구든 두려운 자는 떠나도 좋다." 그러자 2만 2천 명이 떠나고 1만 명이 남았다. 수가 줄어든 군대를 이끌고 물가에 도착했을 때 기드온은 군사들이 물을 마시는 모습을 유심히 보았다. 그러고는 손으로 물을 떠 마신 사람만 남기고 나머지는 다 돌려보냈다. 최종적으로 남은 이스라엘 군사는 고작 300명이었다.

도망치는 미디안 군대

판관기 8장

기드온은 300명의 군사를 셋으로 나누었다. 군사들은 한손에는 나팔을, 다른 한손에는 횃불이 든 항아리를 들고 적진으로 숨어들어가서 미디안의 군대를 둘러쌌다. 그들은 때를 기다리다가 야음을 틈타 기습공격을 했다. 보초들이 교대를 할 때 기드온이 나팔을 불렀다. 기드온의 나팔소리를 신호로 셋으로 나뉜 이스라엘 군사들이 일제히 나팔을 불고 항아리를 깨뜨리며 외쳤다. “하느님 만세! 기드온 만세!”

미디안의 군사들은 혼비백산하여 도망치거나 혼란 중에 서로에게 칼을 휘둘렀다. 이스라엘 군대는 도망친 미디안 군대를 끝까지 쫓아가 섬멸했다.

미디안을 물리치고 평화를 되찾은 이스라엘 백성들은 기드온을 왕으로 추대했다. 그러나 기드온은 이스라엘을 다스릴 수 있는 분은 오직 하느님이라며 왕위를 마다했다. 대신 기드온은 백성들에게 적에게서 탈취한 전리품 중 금귀고리를 자기에게 달라고 했다. 그는 받은 금귀고리를 녹여 에폿(사제가 입는 옷)을 만들어 보관했다. 이 일은 훗날 기드온의 집안에 화를 초래하게 된다.

기드온 집안의 참극

판관기 9장

기드온이 살아있는 동안 이스라엘은 평화를 누렸다. 그 평화는 40년간 지속됐다. 기드온이 죽자 이스라엘인들은 다시 이방신을 섬기며 부패하기 시작했다. 기드온의 집안에도 참극이 일어났다.

기드온은 수많은 부인에게서 무려 70명의 아들을 얻었다. 그들 중 스켐 출신의 부인에게서 얻은 아들이 있었는데, 그의 이름은 아비멜렉이었다. 야심이 있는 아비멜렉은 아버지가 죽자 어머니의 고향으로 가서 집안 어른들에게 여론몰이를 부탁했다. "스켐 사람들을 모아놓고 기드온의 아들 70명의 지배를 받는 것이 좋은지, 한집안 사람인 저 아비멜렉의 지배를 받는 것이 좋은지 물어봐 주십시오."

같은 가문 사람이 지도자가 되는 게 좋다고 판단한 스켐 사람들은 칠십 세겔의 은을 모아 아비멜렉에게 주었다. 아비멜렉은 그것으로 사병을 모았다. 그런 다음 아버지의 집으로 가서 형제들을 죽이고 스스로 왕이 되었다.

기드온의 막내아들 요탐은 형 아비멜렉의 손에서 용케 탈출하여 목숨을 구했다. 요탐은 형과 스켐을 저주하고 브엘로 도망쳤다.

아비멜렉의 죽음

판관기 9장

아비멜렉이 스스로 왕위에 오른 지 3년이 지났다. 아비멜렉과 그를 도운 스켐 사람들 사이에 균열이 일어나기 시작했다.

스켐 사람들은 아비멜렉의 통치에 불만을 품고 그를 비난했는데, 에벳의 아들 가알이 가장 앞장섰다. 아비멜렉이 분노하여 군대를 이끌고 스켐을 쳤다. 스켐도 가알을 주축으로 군대를 조직해 맞섰으나 역부족이었다. 아비멜렉은 스켐 성을 허물고 그곳 사람들을 도륙한 후 소금을 뿌렸다.

스켐에서 승리를 거둔 아비멜렉은 여세를 몰아 데베스까지 진군했다. 데베스 사람들은 성곽에 올라가서 아비멜렉의 군대와 맞서 싸웠다. 전투 중에 아비멜렉은 한 여인이 성곽에서 던진 돌에 머리를 정통으로 맞고 쓰러졌다. 죽음을 앞둔 아비멜렉이 자신의 군사에게 말했다. "네 칼로 나를 쳐라. 내가 한낱 여자에게 죽임을 당했단 말을 들을 수는 없지 않겠느냐." 그렇게 아비멜렉은 최후를 맞았다.

암몬을 물리친 입다와 그를 맞이하는 딸

판관기 11장

길앗 지방에 자리 잡은 므나쎄 지파의 후손 중에 입타라는 사람이 있었다. 입타는 이스라엘 전사의 피를 물려받았지만, 불행하게도 창녀의 몸에서 태어났다는 이유로 온갖 차별과 멸시를 받았다. 본처의 자식들에 의해 쫓겨난 입타는 동쪽으로 가서 비적 떼의 두목이 되었다.

그즈음 암몬 사람들이 군대를 일으켜 길앗을 공격했다. 다급해진 길앗의 장로들이 입타를 찾아가 암몬의 군대를 물리쳐 달라고 부탁했다. 장로들은 그렇게만 해준다면 그를 지도자로 모시겠다고 하느님의 이름을 걸고 약속했다.

입타는 장로들의 제안을 받아들여 전장으로 갔다. 그는 전쟁을 하기 전에 암몬의 왕에게 사신을 보내 불필요한 전쟁을 벌이지 말고 물러갈 것을 요구했다. 그러나 암몬 왕이 입타의 요구를 받아들이지 않아 전쟁은 피할 수 없는 일이 됐다.

결전의 날에 입타는 승리하게 해달라고 하느님에게 기도했다. "제가 저들을 물리칠 수 있게 해주십시오. 그리해주신다면 제가 집으로 돌아갈 때 저를 가장 먼저 맞이하는 자를 제물로 바치겠나이다!"

입타는 암몬의 군대와 싸워 대승을 거두었다. 그리고 득의양양한 모습으로 집으로 돌아갔다. 그런 입타를 맞이한 최초의 사람은 바로 그 자신의 딸이었다.

PANNEMAKER

입타의 딸을 애도하는 이스라엘 딸들 판관기 11장

입타는 무남독녀 외동딸이 문 밖까지 나와 소고춤을 추며 자신을 맞이하는 것을 보고 충격에 빠졌다. 그는 가슴을 치며 후회했지만 신에게 한 맹세는 돌이킬 수 없었다.

울부짖는 입타에게 딸이 말했다. "아버지, 맹세하신 대로 하세요. 대신 제가 친구들과 함께 산으로 가서 처녀로 죽는 것을 애도할 수 있도록 두 달의 시간을 주세요."

두 달 후 입타는 집으로 돌아온 딸을 제물로 바쳤다. 그날 이후 이스라엘에는 처녀들이 해마다 사흘 동안 산에 들어가 입타의 딸을 기리며 곡을 하는 풍습이 생겼다.

맨손으로 사자를 때려 잡는 삼손

판관기 14장

무모한 맹세로 딸을 잃은 지도자 입타 이후로도 몇 명의 지도자를 거치는 동안 이스라엘은 다시금 죄악에 물들어갔다. 이스라엘의 기강이 문란해진 틈을 타 필리스티아 족이 침략했다. 이후 수십 년간 이스라엘은 필리스티아의 지배를 받는다.

이러한 시기에 이스라엘 단 지파의 후손 중 마노아라는 사람이 살았는데 그의 아내는 아이를 낳지 못했다. 어느 날 그 아내 앞에 천사가 나타나서 말했다. "너는 곧 사내아이를 낳을 것인데, 너와 그 아이는 포도나무에서 난 것으로 만든 음식과 부정한 음식을 먹어서는 안 된다. 또한 절대로 그 아이의 머리카락을 잘라서도 안 된다. 그 아이는 하느님께 바쳐진 아이이며 장차 필리스티아의 지배에서 이스라엘을 해방시킬 것이다." 천사의 예언대로 마노아는 아들을 얻었고, 그 이름을 삼손이라 지었다.

장성한 삼손은 팀나에 사는 필리스티아 여자에게 반해 결혼을 결심했다. 청혼을 하러 팀나로 가던 중 포도농원을 지나는데 사자 한 마리가 달려들었다. 삼손은 괴력을 발휘해 맨손으로 그 사자를 때려 죽였다.

당나귀뼈를 휘둘러 필리스티아 사람들을 죽이는 삼손

판관기 15장

결혼잔칫날 삼손은 필리스티아 청년 서른 명과 함께 어울려 놀다가 베옷 서른 벌과 예복 서른 벌을 걸고 내기를 했다. 수수께끼를 하나 내어 청년들이 일주일 안에 그것을 풀면 삼손이 옷을 주고, 풀지 못하면 그들이 삼손에게 옷을 주기로 한 내기였다. 사흘이 되도록 수수께끼를 풀지 못한 필리스티아 청년들은 신부를 찾아가서 답을 알아오지 않으면 가족을 죽이겠다고 위협했다. 신부는 삼손에게서 답을 알아내어 청년들에게 말해 주었다. 사실을 알고 분노한 삼손은 그길로 뛰쳐나가 필리스티아 사람 서른 명을 죽이고 그들에게서 노략질한 것으로 약속한 옷을 만들어 청년들에게 던져주었다. 그러고는 이제 아내가 된 신부를 버려둔 채 고향으로 돌아갔다.

얼마 뒤 마음을 가라앉힌 삼손이 아내를 찾으러 갔다. 그러나 삼손은 아내를 만날 수 없었다. 장인이 이미 그녀를 다른 사람에게 줘버린 때문이었다. 화가 난 삼손은 꼬리에 횃불을 단 여우 삼백 마리를 필리스티아 사람들의 밭과 농장에 풀어 모든 것을 태워버렸다. 재산을 잃은 필리스티아 사람들은 삼손의 장인과 아내를 불에 태워 죽였다. 이 소식을 듣고 더욱 분노한 삼손은 필리스티아 사람들을 닥치는 대로 때려죽이고 도망갔다.

필리스티아 사람들은 삼손을 잡아 복수하려 했으나 뜻대로 되지 않자 삼손이 도망친 곳에 사는 이스라엘 유다 지파 사람들에게 분풀이를

했다. 견디다 못한 이스라엘 사람들이 직접 삼손을 잡아 결박한 뒤 필리스티아 사람들에게 데리고 갔다. 필리스티아 사람들은 잡혀 온 삼손을 향해 괴성을 지르며 달려들었다. 그 모습을 본 삼손은 엄청난 힘으로 몸을 묶고 있는 밧줄을 끊어냈다. 그리고 옆에 나뒹굴던 당나귀뼈를 집어 들고 그 자리에서 필리스티아 사람 천 명을 쳐서 죽였다.

가자의 성문을 옮기는 삼손

판관기 16장

하루는 삼손이 가자에 갔다가 그곳에 사는 한 창녀의 집으로 들어갔다. 이를 안 필리스티아 사람들이 그 집을 에워싸고 삼손을 잡을 기회를 살폈다.

한밤중이 되자 삼손은 조용히 창녀의 집을 빠져나가 가자 성으로 숨어들었다. 그러고는 성문을 통째로 뽑아 등에 짊어지고 가자에서 수십 킬로미터나 떨어진 헤브론의 산꼭대기로 가서 버렸다.

삼손과 들릴라

판관기 16장

삼손은 또다시 필리스티아 여자와 사랑에 빠졌다. 여자의 이름은 들릴라였다. 자신들의 힘으로 삼손을 잡을 수 없는 것을 아는 필리스티아 사람들은 들릴라를 이용해 삼손을 잡으려 했다. 그들은 들릴라를 찾아가 삼손을 잡게 해준다면 팔자를 바꿀 수 있을 만큼 많은 돈을 주겠다고 꼬드겼다. 들릴라는 삼손을 배신하고 그 제안을 받아들였다.

들릴라가 교태를 부리며 "당신의 그 엄청난 힘은 대체 어디서 나오는 거예요? 어떻게 하면 그 힘을 꺾을 수 있죠?" 하고 물었을 때 삼손은 거짓말을 했다. 처음에는 마르지 않은 밧줄 일곱 개로 묶으면 꼼짝 못 할 거라 했고, 두 번째에는 한 번도 사용하지 않은 새 밧줄로 묶으면 힘을 쓰지 못할 거라 했으며, 세 번째에는 자기 머리카락 일곱 가닥을 베틀의 날실과 섞어 짜면 된다고 했다.

그러나 들릴라는 집요했다. 삼손은 결국 자신의 비밀을 들릴라에게 말하고 말았다. "나는 태어날 때부터 우리의 신 하느님께 바쳐진 사람이오. 야훼께서는 절대로 내 머리카락을 잘라서는 안 된다 하셨소."

들릴라는 삼손을 잠재운 뒤 그의 머리카락을 잘라내고 필리스티아 사람들을 불렀다. 과연 삼손은 아무런 힘도 쓰지 못했다. 필리스티아 사람들은 굶주린 야수처럼 삼손에게 달려들어 그의 눈알을 뽑고 포박하여 끌고 갔다.

삼손의 죽음

판관기 16장

필리스티아의 감옥에 갇힌 삼손은 놋줄에 묶인 채 맷돌을 돌렸다. 치욕의 시간이 쌓여가는 동안 삼손의 머리카락도 조금씩 자라났다.

필리스티아 사람들은 자신들의 신이 원수 삼손을 잡게 해주었다며 다곤 신전에 모여 제사를 지내고 축제를 벌였다. 그들은 삼손을 신전으로 끌고 가서 두 기둥 사이에 세워놓고 재주를 부리라며 조롱했다. 삼손은 신전을 받들고 있는 두 기둥을 두 팔로 밀며 기도했다. “나의 하느님, 마지막으로 제게 힘을 주시어 저 필리스티아 사람들에게 원수를 갚게 해주소서. 제가 오늘 여기서 저들과 함께 죽겠나이다!”

그 순간 두 기둥이 뽑히고 신전이 와르르 무너져 내리며 그곳에 있던 사람들을 덮쳤다. 이날 삼손과 함께 죽은 필리스티아 사람의 수는 삼손이 생전에 죽인 필리스티아 사람의 수보다 훨씬 더 많았다.

쓰러져 있는 첩을 발견한 레위 남자

판관기 19장

에프라임 지방의 깊은 산속에 레위 지파의 후손 한 사람이 살고 있었다. 그에게는 베들레헴 출신의 유다 지파 후손인 첩이 하나 있었는데, 어느 날 그 첩이 바람이 나서 부부싸움을 하고 친정으로 가버렸다.

몇 달이 지나도록 여자가 돌아오지 않자 남자는 여자의 친정에 찾아갔다. 남자는 장인의 환대 속에서 나흘 동안 술과 음식을 대접받으며 지내다가 닷새째 되는 날 저녁에 여자를 데리고 길을 나섰다.

남자가 벤야민 지파의 후손들이 사는 기브아 지방에 도착했을 무렵, 해가 지고 어둠이 깔렸다. 남자는 하룻밤 묵을 곳을 찾았지만, 아무도 맞아들이려 하지 않았다. 그러다 간신히 한 노인을 만나 그의 집으로 갔다. 그 집에서 저녁을 먹고 있는데 불량배들이 들이닥쳤다. 그들은 노인에게 자신들이 재미를 볼 수 있게 남자를 내놓으라고 했다.

노인이 "제발, 그런 악행을 저지르지 마시오"라며 만류했지만, 불량배들은 물러서지 않았다. 그러자 레위 남자는 자기 첩을 불량배들에게 내주었다. 불량배들은 여자를 밤새도록 능욕하고 새벽 무렵에야 놓아주었다. 망신창이가 된 여자는 가까스로 노인의 집 문 앞까지 기어와서 정신을 잃고 쓰러졌다.

첩의 시체를 싣고 가는 레위 남자

판관기 19장

다음 날 아침 레위 남자는 노인의 집 문고리를 잡고 쓰러져 있는 자신의 첩을 발견했다. 이미 숨이 끊어진 상태였다. 남자는 첩의 시신을 나귀에 싣고 집으로 돌아왔다. 그는 첩의 시신을 열두 조각으로 토막내어 이스라엘 열두 지파에 한 조각씩 나눠 보냈다.

토막난 여자의 시신 조각을 본 각지의 이스라엘 사람들이 모두 미츠파에 집결했다. 그들은 사건의 당사자인 레위 남자를 불러 어찌된 일인지를 물었다. 그리고 레위 남자의 이야기를 듣고 분노했다. 열한 개의 지파가 연합군을 조직해서 벤야민 지파에 대한 응징에 나섰다. 싸움에서 승리한 연합군은 미츠파에 다시 모여 앞으로는 그 누구도 벤야민 지파에 딸을 시집보내지 않기로 결의했다.

실로의 처녀들을 납치하는 벤야민 지파의 사내들

판관기 21장

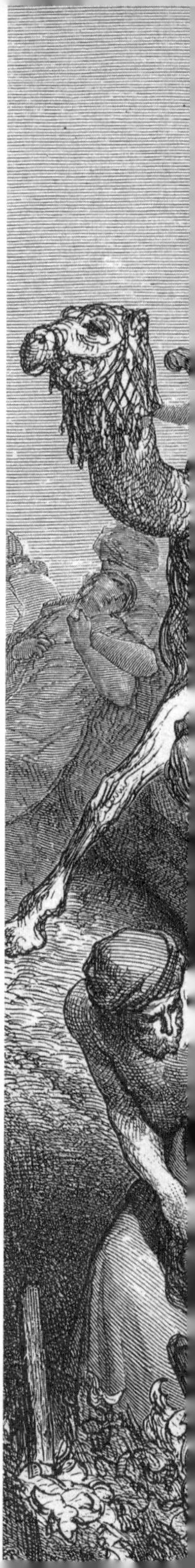

이스라엘의 모든 지파들이 벤야민 지파에 딸을 시집보내지 않기로 결의한 이후 벤야민 지파는 맥이 끊어질 위기에 놓였다. 시간이 흐름에 따라 이스라엘 사람들은 자신들과 피를 나눈 동족이 사라지게 된 것을 안타까워하고 걱정하기 시작했다.

그들은 궁리 끝에 연합군이 벤야민 지파와 전쟁을 벌였을 때 참여하지 않았던 야베스 길앗 지방에 군사를 보내 숫처녀만 남겨놓고 그곳의 모든 사람을 도륙했다. 그리고 살려둔 길앗의 숫처녀들을 살아남은 벤야민 지파의 남자들에게 주었다.

그래도 여자가 부족하자 이스라엘 사람들은 새로운 방책을 생각해내어 벤야민 남자들에게 알려주었다. 실로 지방에서 해마다 하느님을 기리는 축제를 여는데, 그때 포도밭에 숨어 있다가 춤을 추러 나온 여자들을 납치하라는 것이었다. 벤야민 남자들은 그대로 했다. 그들은 납치한 여자들을 데리고 자신들의 땅으로 돌아가 살며 명맥을 유지했다.

나오미와 며느리들

룻기 1장

베들레헴 지방에 큰 흉년이 계속될 때였다. 그곳에 살던 유다 지파의 후손 엘리멜렉이라는 사람이 먹을 것을 찾아 이방인의 땅인 모압으로 이주했다. 엘리멜렉에게는 나오미라는 아내와 두 아들이 있었다. 두 아들은 모압 여자와 결혼했다. 얼마 뒤 엘리멜렉이 세상을 떠나고 두 아들마저 급작스런 죽음을 맞았다. 그 집안에는 과부 셋만 남게 됐다.

어느덧 세월이 흘러 베들레헴의 흉년이 끝나고 풍년이 왔다. 나오미는 그 소식을 듣고 고향으로 돌아가기로 마음먹었다. 그녀는 두 며느리를 불러 친정으로 돌아가 새로운 인생을 살라고 권유했다. 그러나 두 며느리는 친정으로 돌아가지 않고 끝까지 시어머니를 모시겠다고 답했다.

나오미가 포기하지 않고 계속 새출발을 권하자 두 며느리 중 하나가 그 말을 받아들여 친정으로 돌아갔다. 하지만 한 며느리는 끝까지 뜻을 꺾지 않았고, 결국 나오미를 따라 베들레헴으로 갔다. 남은 며느리의 이름은 룻이었다.

보아즈와 룻

룻기 2장

추수철이 오자 룻은 시어머니의 허락을 받아 곡식을 얻기 위해 보리밭에 일하러 갔다. 룻이 일하러 간 밭은 보아즈라는 사람의 밭이었다.

보아즈는 나오미의 남편 엘리멜렉의 친척으로, 소문난 부자였다. 그가 때마침 일꾼들을 격려하러 밭에 갔다가 낯선 여자를 보았다. 그는 일꾼들로부터 그 낯선 여자가 얼마 전 고향으로 돌아온 나오미의 며느리 룻이란 이야기를 들었다. 보아즈는 룻이 남편이 죽고 난 후에도 시어머니를 극진히 모시고 사는 참하고 성실한 여자라는 소문을 이미 들어 알고 있었다. 보아즈는 룻에게 다가가 격려의 말을 했다. 룻을 위한 배려도 아끼지 않았다. 일꾼들을 불러 룻이 편하게 일할 수 있도록 각별히 신경 써달라고 했다. 더 많은 이삭을 주워갈 수 있도록 보릿단에서 이삭을 조금씩 흘려주라는 당부도 했다.

나오미는 보아즈가 자기 며느리를 특별히 여기는 것을 알았다. 그녀는 딸처럼 아끼는 며느리 룻이 행복해지기를 바랐고, 보아즈가 그것을 가능하게 해줄 거라 생각했다.

얼마 뒤 나오미의 바람대로 보아즈와 룻은 결혼했다. 둘 사이에 아들이 생겼으니, 그의 이름은 오벳이었다. 오벳은 커서 이사이를 낳았고, 이사이는 훗날 이스라엘의 왕이 되는 다윗을 낳았다.

되찾은 계약궤

사무엘기 상 4~7장

엘리가 대사제로 있을 때 필리스티아 군대가 이스라엘을 침략했다. 첫 번째 전투에서 이스라엘이 크게 패했다. 이스라엘 군사들은 계약궤가 자신들과 함께하지 않아서 패배한 것이라고 생각하고 실로 지방에 모셔 두었던 계약궤를 전장으로 옮겨왔다. 대사제 엘리의 두 아들이 계약궤를 전장으로 옮기는 일을 맡았다.

필리스티아 군대는 계약궤가 전장으로 옮겨진 것을 알고 두려워했다. 이스라엘이 이집트를 탈출해 가나안에 정착하는 과정에서 그 계약궤가 어떠한 역할을 했는지를 익히 들어 알고 있기 때문이었다. 그러나 필리스티아 군대는 달아나지 않고 죽음을 무릅쓰는 결전을 하기로 했다. 그리고 승리했다. 계약궤는 그들의 전리품이 됐다.

하느님의 계약궤를 전장으로 가지고 간 두 아들이 전사하고, 계약궤마저 필리스티아 군대에 약탈당했다는 소식을 전해들은 대사제 엘리는 그 자리에서 쓰러져 죽었다.

한편, 계약궤를 가져온 뒤로 필리스티아에는 이상한 일들이 일어났다. 필리스티아인들은 약탈한 계약궤를 자신들의 신인 다곤을 모신 신전에 갖다 두었는데, 얼마 뒤 신전에 있던 다곤 신상이 머리와 손목이 잘린 채 쓰러졌다. 그들은 당장에 불길한 계약궤를 신전에서 빼내 다른 곳으로 옮겼다. 그러자 계약궤가 옮겨진 지방에 종기 형태의 전염병이 돌았다. 이후에도 계약궤가 필리스티아의 여기저기로 옮겨졌는데, 옮겨진 곳마다 어김없이 전염병이 돌았다. 견디다 못한 필리스티아는 계약궤를 이스라엘에 되돌려 보내기로 했다. 그들은 수레에다 계약궤뿐 아니라 금으로 만든 쥐와 종기 모양의 선물까지 실어 이스라엘의 벳세메스로 보냈다.

벳세메스 사람들은 계약궤가 돌아오자 번제를 올리고 축제를 벌였다. 그런데 몇몇 사람들이 호기심을 이기지 못하고 계약궤 속을 들여다보는 불경을 저질렀다. 진노한 하느님이 불경한 자들을 죽음으로 다스렸다. 두려움에 빠진 벳세메스 사람들은 계약궤를 키르얏 여아림으로 보냈다.

사울을 축복하는 사무엘

사무엘기 상 10장

사무엘이 판관으로 일하는 동안 이스라엘은 평화를 누렸다. 세월이 흘러 사무엘이 나이가 들자 그의 두 아들이 판관직을 물려받았다. 그런데 두 아들은 뇌물을 받고 판결을 내리는 등 비리를 저질렀다. 이에 불만을 품은 이스라엘의 장로들이 사무엘을 찾아가 항의하면서, 이제 다른 나라들처럼 이스라엘에도 왕이 있어야 한다고 주장했다.

사무엘은 왕권의 위험성을 경고했다. "왕은 백성의 재산을 빼앗고 노동력을 착취할 것이오. 그리고 여러분은 뒤늦게 이를 깨닫고 후회하겠지만 돌이킬 수 없을 것이오." 하지만 사람들은 사무엘의 경고에 귀를 기울이지 않았다. 결국 사무엘은 그들의 요구대로 왕을 세우기로 했다.

어느 날 벤야민 지파의 청년 한 명이 사무엘을 찾아왔다. 청년은 아버지가 잃어버린 암나귀들을 찾아 헤매다가 춥 지방까지 갔고, 그곳에 판관이자 하느님의 예언자가 산다는 말을 듣고 그를 찾아온 것이었다. 사무엘은 청년과 마주하는 순간 하느님의 계시를 들었다. "바로 이 사람이 나의 백성을 다스릴 사람이다."

사무엘은 청년에게 만찬을 대접하고 오랫동안 이스라엘과 이스라엘의 야훼에 관한 이야기를 나누었다. 그런 다음 기름을 갖고 와서 청년의 머리에 부으며 말했다. "하느님께서 당신을 이스라엘의 왕으로 세우셨소." 청년의 이름은 사울이었다.

아각의 죽음

사무엘기 상 15장

왕이 된 사울은 이스라엘을 괴롭히는 이민족들과 전쟁을 벌였다. 사울 왕은 모압, 암몬, 필리스티아 등과 치른 전투에서 연승을 거두며 왕으로서 자기 입지를 굳건히 했다. 그런데 왕권을 공고히 할수록 사울 왕은 교만해졌다. 그는 전투 전에 거치는 신탁의 과정을 무시하기 시작하더니 마침내 신탁을 어기기에 이르렀다.

사울 왕이 아말렉과 전쟁을 벌일 때였다. 아말렉 족은 이집트를 탈출해 가나안으로 가는 이스라엘 백성을 최초로 공격한 이민족이었다. 사울 왕은 이러한 이스라엘의 원수 아말렉을 치고, 사람은 물론 살아있는 것은 하나도 남김없이 모두 죽여 없애라는 신탁을 받았다.

하지만 사울 왕은 신탁을 지키지 않았다. 그는 아말렉을 정복한 뒤 아각 왕을 포로로 잡아두고 좋은 가축들은 아깝다며 살려두었다. 사무엘이 이 사실을 알고 나무랐으나, 사울 왕은 군사들이 하느님께 제물로 바치려고 좋은 가축들을 살려둔 것 같다며 자신의 과오를 남에게 떠넘겼다. 게다가 꾸짖고 돌아서는 사무엘을 붙잡고, 백성들 앞에서 자기 체면이 설 수 있도록 함께 가서 하느님께 제사를 드려달라고 요청했다.

제사가 끝난 후 사무엘은 아말렉의 왕 아각을 직접 처형했다. 그리고 그길로 돌아가 죽는 날까지 두 번 다시 사울 왕을 만나지 않았다.

다윗과 골리앗

사무엘기 상 17장

필리스티아는 지칠 줄 모르는 적이었다. 사울 왕에게 대패한 후에도 계속 이스라엘을 침략했다.

한번은 필리스티아가 유다 지파가 사는 지역에 진을 치고 이스라엘과 격전을 벌였다. 골리앗이라는 기골이 장대한 필리스티아 장수가 이스라엘 진영을 향해 말했다. “어이, 사울의 종놈들아, 한 놈 나와서 나랑 붙어보자. 내가 지면 우리가 너희 종이 될 것이고, 내가 이기면 너희가 우리 종이 될 것이다.”

그렇지만 이스라엘 군사들은 골리앗의 무시무시한 덩치와 무기를 보고 기가 죽은 나머지 누구 하나 나서는 이가 없었다. 사울 왕이 골리앗을 쓰러뜨리는 사람에게 많은 상금을 내리고 공주를 시집보내겠다고 했지만 소용없었다.

이때 다윗이라는 어린 양치기 소년 하나가 전장에 왔다. 이스라엘 군사로 전투에 참가한 형들에게 먹을거리를 갖다 주면서 안부를 살피고 오라는 아버지 이사이의 심부름을 온 것이었다. 다윗은 골리앗이 하는 말을 듣고 사울 왕을 찾아가 자신이 그 거인을 쓰러뜨리겠다고 말했다. 사울 왕은 처음에는 만류했지만 결국에는 자신에 찬 다윗에게 설득됐다.

조그만 어린 소년 하나가 끈을 묶은 막대기 하나와 돌멩이 다섯 개만 가지고 자신과 대적하겠다고 나선 것을 보고 골리앗은 기가 찼다. 골리앗은 다윗을 비웃고 저주의 말을 퍼부었으나 다윗은 결코 기죽지 않았다.

결투가 시작되자 다윗은 재빠르게 몸을 피하면서 골리앗을 따돌렸다. 갑자기 다윗이 돌멩이 하나를 끈막대에 달고 돌리다가 골리앗을 향해 날렸다. 돌은 골리앗의 이마를 정확히 강타했다. 다윗은 쓰러진 골리앗의 손에서 칼을 빼앗아 그의 머리를 잘랐다.

다윗이 승리하자 전세는 역전됐다. 필리스티아 군대는 혼란에 휩싸인 채 무너지기 시작했다. 이스라엘 군대는 함성을 지르며 필리스티아 군을 덮쳤다.

다윗에게 창을 던지는 사울 왕

사무엘기 상 18장

사울 왕은 다윗을 궁으로 데려가 곁에 두고 아꼈다. 다윗은 수많은 전투에 참가했으며, 가는 곳마다 승리를 거두고 개선장군이 되어 돌아왔다. 이스라엘 사람들은 그런 다윗을 찬양했다. "사울은 수천을 치셨고, 다윗은 수만을 치셨네!"

사울 왕은 다윗을 시기하게 됐고, 급기야 다윗을 해치려 했다. 사울 왕은 전장에서 돌아와 궁에서 하프를 연주하는 다윗을 향해 창을 던졌다. 그러나 창은 다윗을 빗나갔다.

창문으로 도망가는 다윗

사무엘기 상 19장

사울 왕은 다윗을 끊임없이 전쟁터로 내몰았다. 그는 다윗이 전쟁터에서 죽기를 바랐다. 하지만 다윗은 늘 승리했고, 백성들 사이에서 다윗의 인기는 날로 높아졌다.

다윗에게 왕위를 빼앗길지도 모른다는 불안에 사로잡힌 사울 왕은 다윗을 죽이려고 암살자들을 보냈다. 그런데 다윗의 아내이자 사울 왕의 딸인 미갈이 이를 눈치챘다. 미갈은 암살자들의 눈을 속이기 위해 침대 위에 수호신상을 올려놓고 이불을 덮은 뒤 다윗을 창문으로 탈출시켰다.

다윗과 요나탄

사무엘기 상 20장

사울 왕의 아들 요나탄은 골리앗의 머리를 들고 온 다윗을 처음 본 순간부터 그에게 반했다. 두 사람은 서로를 아끼고 신뢰하며 깊은 우정을 나누었다.

요나탄은 아버지 사울 왕이 다윗을 해치려 할 때마다 아버지를 설득하고 다윗을 보호했다. 그러나 다윗에 대한 사울 왕의 증오는 더욱 커져만 갔다. 요나탄은 자신이 더 이상 다윗을 보호할 수 없음을 깨닫고 아버지의 곁에서 그를 탈출시키기로 했다.

이별하는 날, 둘은 서로 부둥켜안고 눈물을 흘렸다. 떠나는 다윗에게 요나탄이 말했다. "잘 가게. 우리 둘 사이에, 그리고 우리의 후손들 사이에 하느님이 늘 함께하실 것이네."

다윗과 요나탄의 우정은 그리스신화에 나오는 오레스테스와 필라데스, 아킬레우스와 파트로클로스의 경우와 함께 서양에서 대표적인 우정의 모범사례로 꼽힌다.

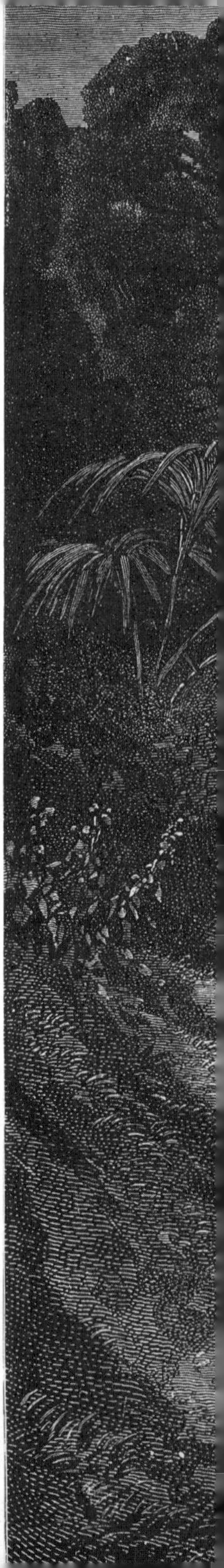

사울을 두 번이나 살려준 다윗

사무엘기 상 24~27장

다윗이 요나탄의 도움을 받아 왕궁을 탈출한 뒤에도 사울 왕은 포기하지 않았다. 사울 왕은 본격적으로 다윗을 쫓기 시작했다. 그런 사울 왕을 피해 다윗은 먼 광야로, 심지어 자신을 원수로 여기는 이민족의 땅에까지 숨어들어가며 도망자 생활을 했다.

그러는 사이 다윗의 곁으로 수많은 사람들이 모여들었다. 그들은 다윗의 가족, 체제에 불만을 품은 이들, 그리고 핍박받고 곤경에 처해진 백성들이었다. 다윗은 그들의 우두머리가 되었다.

다윗에게는 사울 왕을 죽일 기회가 두 번 있었다. 한 번은 엔게디 광야에서 다윗 무리를 쫓던 사울 왕이 용변을 보러 동굴에 들어갔을 때였다. 사울 왕이 들어간 동굴은 공교롭게도 다윗 무리의 은신처였다. 다윗의 부하들이 용변을 보고 있는 사울 왕을 발견하고 죽이려 했다. 그렇지만 다윗은 그들을 막고 사울 왕의 옷자락만을 조금 잘라낸 후 그를 살려 보냈다.

또 한 번은 사울 왕이 다윗 무리를 잡으러 지프 광야로 가서 진을 치고 있을 때였다. 다윗은 부하 한 명을 데리고 야음을 틈타 사울 왕의 진영으로 숨어들어갔다. 다윗의 부하가 잠들어 있는 사울 왕을 죽이려 했지만, 다윗은 그를 만류하고 사울 왕의 창과 물병만을 가지고 돌아갔다.

사울 왕은 다윗이 자신을 죽이지 않고 살려줬을 때마다 눈물을 흘리며 반성했다. 또한 다윗의 자비에 감동하면서 앞으로는 절대로 다윗을 쫓지 않겠다고 맹세했다. 그러나 사울 왕은 맹세를 지키지 않았다. 다윗은 사울 왕의 추격을 피하는 마지막 수단으로 필리스티아로 망명하는 길을 선택했다.

무당을 찾아간 사울

사무엘기 상 28장

필리스티아가 다시 대군을 일으켜 이스라엘을 침략했다. 불안해진 사울 왕이 신탁을 받기 위해 하느님을 찾았지만 하느님은 답을 해주지 않았다. 설상가상으로 사무엘도 세상을 뜬 후였고, 다윗의 도피를 도왔다는 이유로 수많은 사제들이 처형당한 상태였다. 사울 왕은 초조한 나머지 지푸라기라도 잡는 심정으로 무당을 찾아갔다.

무당은 사울 왕의 명령에 따라 사무엘의 혼령을 불러냈다. 사무엘의 혼령이 사울 왕에게 말했다. "하느님은 이미 너를 떠나 다윗을 선택하셨다. 또한 하느님은 이 나라를 필리스티아의 손에 넘기실 것이다. 내일이면 너와 네 아들들이 나와 함께 있을 것이다." 이 말을 듣고 절망과 두려움에 사로잡힌 사울 왕은 그 자리에 주저앉고 말았다.

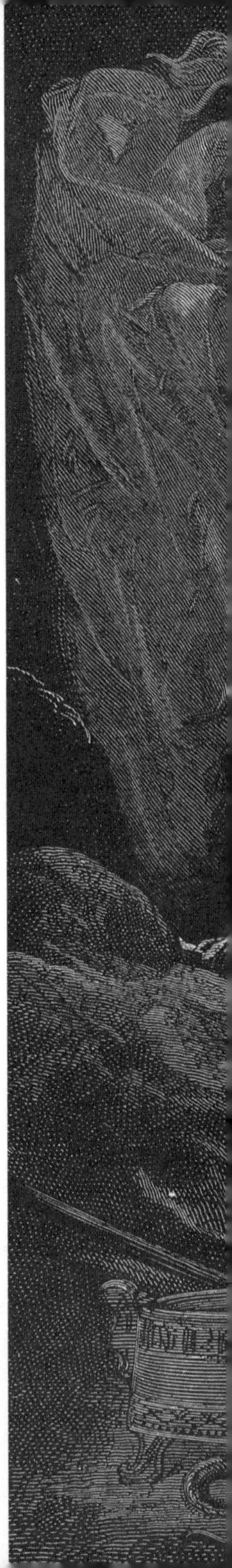

사울의 죽음

사무엘기 상 31장

필리스티아 대군은 파죽지세로 이스라엘 진영을 치고 들어갔다. 사울 왕의 세 아들 요나탄, 아비나답, 밀기수아가 전사했고, 후퇴하던 이스라엘 군사 대부분도 필리스티아 군의 칼에 쓰러져갔다.

사울 왕도 필리스티아 궁수가 쏜 화살에 맞았다. 부상을 입어 도망칠 수 없게 된 사울 왕이 무기병에게 말했다. "저 필리스티아놈들의 손에 잡혀 치욕스럽게 죽을 수는 없다. 그러니 네 칼로 나를 찌르거라." 무기병은 차마 사울 왕을 찌르지 못하고 망설였다. 그러자 사울 왕은 칼을 세워두고 그 위로 자신의 몸을 던져 자결했다.

사무엘의 혼령이 말한 것처럼 이날 사울 왕과 그의 세 아들이 죽고 이스라엘은 필리스티아에 참패를 당했다.

사울과 그의 세 아들의 시신을 수습하는 야베스 길앗 사람들 사무엘기 상 31장

필리스티아 군대는 사울 왕과 그의 세 아들의 시신을 욕보였다. 그들은 사울 왕의 시신에서 머리를 잘라내어 필리스티아 영토 여러 곳에 돌려가며 구경시키고, 사울 왕의 갑옷은 자신들의 신전에 전시하여 승리를 기념했다. 그런 다음 사울 왕과 그 아들들의 시신을 벳 산 성벽에 매달았다.

야베스 길앗 사람들이 이 소식을 듣고 벳 산으로 가서 사울 왕과 그 아들들의 시신을 수습해갔다. 길앗 사람들은 시신을 화장하고 남은 뼈를 나무 밑에 묻은 후 이레 동안 단식하며 애도했다.

이스보셋 전사들과 다윗 전사들의 격돌

사무엘기 하 2장

사울 왕이 죽은 뒤 이스라엘은 둘로 쪼개졌다. 유다 지파는 다윗을 왕으로 세웠다. 길앗을 중심으로 한 나머지 지파들은 사울 왕의 살아남은 아들 이스보셋을 왕으로 세웠다.

어느 날 다윗의 장군 요압과 이스보셋의 장군 아브네르가 군대를 이끌고 기브온에서 맞붙었다. 양측은 본격적인 전투를 시작하기 전에 각 진영에서 12명씩을 뽑아 서로 겨뤄보기로 했다. 선발된 24명의 전사들은 서로 옆구리를 칼로 찔러 모두 전사했다.

이어 치열한 전투가 시작됐다. 격렬한 싸움 끝에 요압이 이끄는 다윗의 군대 쪽으로 전세가 기울었다. 아브네르는 남은 군사들을 이끌고 후퇴했다. 요압의 동생 아사엘이 그들 뒤를 쫓다가 아브네르의 창에 찔러 전사했다. 요압도 아브네르의 뒤를 계속 추격했다. 아브네르가 요압을 향해 말했다. "이쯤에서 싸움을 그치는 것이 좋겠다. 이렇게 가다간 우리 모두가 끝장날 것이다. 게다가 우리는 동족이 아니더냐." 요압이 이 말을 듣고는 군대를 돌려 헤브론으로 돌아갔다.

암몬을 정벌하는 다윗

사무엘기 하 10장

아브네르가 요압에게 암살되고 얼마 뒤 이스보셋마저 살해되자 다윗은 자연스럽게 통일 이스라엘의 왕이 됐다. 왕이 된 다윗은 주변 왕국들을 상대로 정복전쟁을 벌이고 승리함으로써 국력을 강화했다.

그러던 어느 날 이웃 왕국 암몬의 왕이 죽었다. 다윗이 이 소식을 듣고 암몬에 사절단을 보냈다. 그런데 암몬의 새 왕은 다윗의 호의를 받아들이기는커녕 사절단의 수염을 자르고 옷을 찢어 돌려보냈다. 그러고는 주변의 왕국들과 손을 잡고 이스라엘에 선전포고를 했다. 다윗은 요압에게 군대의 전권을 주어 암몬과 맞서게 했다.

요압이 이끄는 이스라엘 군대는 초반부터 전세를 이끌었다. 오랜 전쟁 끝에 마침내 이스라엘이 암몬의 도읍인 라빠를 포위했다. 라빠 성 함락을 눈앞에 두고 요압은 다윗에게 전령을 보냈다. 최종 승리의 영광을 왕에게 돌리기 위함이었다.

예루살렘에 있던 다윗은 요압의 전갈을 받고 라빠로 가서 성을 함락했다. 그는 수많은 전리품을 챙기고, 암몬의 백성들을 노예로 삼았다. 노예가 된 암몬 백성들은 훗날 이스라엘의 성전 건설 현장에서 노역을 하게 된다.

압살롬의 반란과 죽음

사무엘기 하 13~18장

다윗은 여러 부인에게서 많은 자식을 얻었다. 그중 장남인 암논이 이복 여동생인 타마르를 남몰래 좋아했다. 암논은 정욕을 이기지 못하고 타마르를 욕보였다. 그런 다음에는 마음이 식어 타마르를 차갑게 내쫓았다.

다윗이 이 사실을 알게 됐지만, 차마 장남을 벌하지는 못했다. 하지만 그런 다윗과 암논을 원망하고 조용히 복수의 칼을 간 이가 있었다. 바로 타마르의 오라비인 압살롬이었다.

이 년 뒤 압살롬은 바알 하초르에서 열린 양털깎기 축제에 왕자들을 초대했다. 그리고 그곳에서 암논을 살해한 뒤 외할아버지의 왕국 그수르로 달아났다.

압살롬이 암논을 살해하고 그수르로 떠난 지 삼 년이 지났다. 장남을 잃은 충격이 조금씩 가시는 다윗의 마음속에는 이제 도망간 아들 압살롬에 대한 그리움이 차오르기 시작했다. 이런 다윗의 마음을 읽은 요압의 주선으로 압살롬은 이스라엘로 귀향했다.

다윗은 압살롬의 귀향을 허락하긴 했지만, 그를 만나주지는 않았다. 아버지 다윗에 대한 압살롬의 원망은 더욱 커져만 갔다. 귀향 후 이 년이 지나서야 압살롬은 아버지 다윗을 만날 수 있었다.

압살롬은 매일 아침 성문으로 가서 억울함을 호소하러 온 백성들을 만났다. 그는 사람들의 이야기에 귀를 기울이면서 불만을 부추겼다. 사람들은 뛰어난 외모와 다정한 카리스마를 가진 압살롬에게 호감을 가졌다. 압살롬은 이런 식으로 민심을 사로잡으며 치밀하게 역모를 계획했다.

압살롬은 귀향한 지 4년이 지난 해에 다윗이 처음 왕으로 추대되었던 헤브론에서 마침내 거사를 일으켰다. 다윗의 측근이자 뛰어난 지략가인 아히토벨이 압살롬의 편에 섰다. 반란 세력의 규모는 삽시간에 커져서 다윗이 예루살렘을 버리고 피난을 가기에 이르렀다.

다윗은 피난길에서 오랜 벗이자 지략가인 후사이를 만났다. 후사이는 다윗의 스파이가 되어 예루살렘으로 가서 압살롬의 측근으로 위장했다. 후사이는 아히토벨이 직접 군사를 이끌고 다윗을 치러가려는 것을 알고 압살롬을 꼬드겼다. 다윗은 타고난 전사이고 다윗의 군대는 결코 얕보아서는 안 되니, 훨씬 더 많은 군사를 모은 뒤 압살롬이 직접 군대를 이끌고 다윗을 쳐야 새로운 왕으로서 위신이 선다는 것이었다. 후사이의 이 계략은 압살롬이 군사를 모으는 동안 도망에 지친 다윗이 전열을 가다듬고 싸울 힘을 충전할 시간을 벌게 하려는 의도였다. 아히토벨은 압살롬이 자신이 아닌 후사이의 책략을 받아들이자 역모가 실패로 끝날 것임을 예감하고 자결했다.

후사이의 계획대로 압살롬이 대군을 모으는 동안 다윗의 군대는 전열을 가다듬고 전투준비를 했다. 다윗은 참모들의 강력한 만류를 받아들여 직접 전투에 참여하지 않기로 했다. 대신 다윗은 전투에 나서는 장병들에게 자기를 봐서라도 압살롬을 너무 심하게 다루지는 말아달라고 당부했다.

에프라임 숲에서 벌어진 전투는 다윗 군대의 승리로 끝이 났다. 압살롬은 말을 타고 도망가다가 나뭇가지에 머리카락이 걸리는 바람에 나무에 매달리게 됐다. 한 병사가 이를 발견했지만, 차마 압살롬을 죽이지 못했다. 압살롬을 심하게 다루지 말라고 부탁하는 다윗의 말을 들었기 때문이다. 하지만 병사의 보고를 받은 요압은 달랐다. 요압은 당장에 달려가 나무에 매달린 압살롬을 향해 창을 던졌다. 이어 10명의 병사들이 달려들어 압살롬을 쳐 죽였다.

압살롬의 죽음을 슬퍼하는 다윗

사무엘기 하 19장

압살롬이 죽었다는 소식을 전해들은 다윗은 성문 위로 올라가 절규했다. "압살롬아, 내 자식아! 차라리 내가 죽을 것을! 압살롬아, 내 아들 압살롬아!"

다윗이 압살롬의 죽음을 슬퍼하며 통곡한다는 이야기가 전해지자 다윗의 군대에도 그림자가 드리웠다. 반란군과 싸워 승리하고도 병사들은 마치 패잔병처럼 기가 죽은 모습으로 귀환했다.

보다 못한 요압이 다윗을 찾아가 진언했다. "임금님께 저희는 무엇입니까? 압살롬이 살고 저희가 모두 죽었다면 기쁘셨겠습니까? 지금이라도 나가서 병사들에게 따뜻한 말 한마디 건네주십시오. 그러지 않으신다면 앞으로 임금님의 곁에는 아무도 남지 않을 것입니다." 그제야 다윗은 마음을 추스르고 나가 병사들을 맞이했다.

아들과 손주들의 시신을 지키는 리츠파

사무엘기 하 21장

다윗의 정권이 안정기에 들어선 무렵의 일이다. 3년간 흉년이 거듭됐다. 다윗이 하느님께 이유를 물으니, 기브온 사람들의 피맺힌 원한 때문이라는 답이 돌아왔다. 기브온 사람들은 원래 가나안의 토착민이었다. 그들은 여호수아가 이끄는 이스라엘이 가나안에 입성할 때 이스라엘에 맞선 다른 도시국가들과는 달리, 이스라엘과 화친을 맺고 이스라엘에 흡수되어 살고 있었다. 그런데 사울이 왕이 된 후 그들을 말살시키려 했던 것이다.

다윗이 기브온 사람들에게 어찌하면 원한을 풀겠느냐고 묻자, 그들은 사울의 후손 중 남자 일곱 명을 넘겨달라고 요구했다. 다윗은 요나탄의 아들인 므피보셋을 뺀 사울의 아들과 손주 일곱 명을 기브온 사람들에게 넘겼다. 기브온 사람들은 넘겨받은 사울의 후손들을 나무에 목매달아 죽이고 몇 달간 그대로 방치했다.

이때 사울의 첩이었던 리츠파도 두 아들을 잃었다. 리츠파는 아들과 손주들의 시신 곁을 떠나지 않았다. 밤낮으로 지키며 짐승들이 시신을 훼손하지 못하게 막았다. 리츠파의 이야기가 다윗에게 전해졌다. 다윗은 나무에 매달린 일곱 명의 시신을 거두고, 요나탄과 사울의 유골과 함께 그 조상들의 무덤에 묻어주었다. 이 해에 이스라엘에서 흉년이 끝났다.

예루살렘에서 멈춘 재앙

사무엘기 하 24장

다윗이 어떠한 신탁도 받지 않고 자의로 인구조사를 실시했다. 요압을 비롯한 많은 고관들이 만류했지만 소용없었다.

하느님이 이를 알고 진노했다. 하느님은 다윗에게 교만과 독단에 대한 벌로 세 재앙 중 하나를 선택하게 했다. 그것은 이스라엘에 3년간 흉년이 지속되는 것, 다윗이 3달간 적에게 쫓기는 것, 이스라엘에 3일간 전염병이 도는 것이었다. 다윗은 이스라엘에 3일간 전염병이 도는 벌을 선택했다.

그날부터 이스라엘에 전염병이 돌기 시작했다. 이스라엘 남쪽 끝에서 북쪽 끝에 이르기까지 7만 명의 사람들이 목숨을 잃었다. 백성들이 죽어나가는 것을 본 다윗이 그제야 깊이 뉘우치며 기도했다. “이들은 아무 죄가 없습니다. 차라리 저와 제 집안을 멸하십시오.”

전염병이 예루살렘을 덮치려는 찰나 하느님이 마음을 바꾸고 전염병의 징벌을 내리는 천사의 손길을 멈추게 했다. 그때 천사는 아라우나라는 사람이 소유하고 있는 타작마당에 서 있었다. 다윗은 서둘러 아라우나의 타작마당으로 달려 가 은 50세겔을 주고 그곳을 매입했다. 다윗은 그 자리에 제단을 쌓고 제사를 지냈다. 훗날 솔로몬은 이 타작마당에 신전을 세웠다.

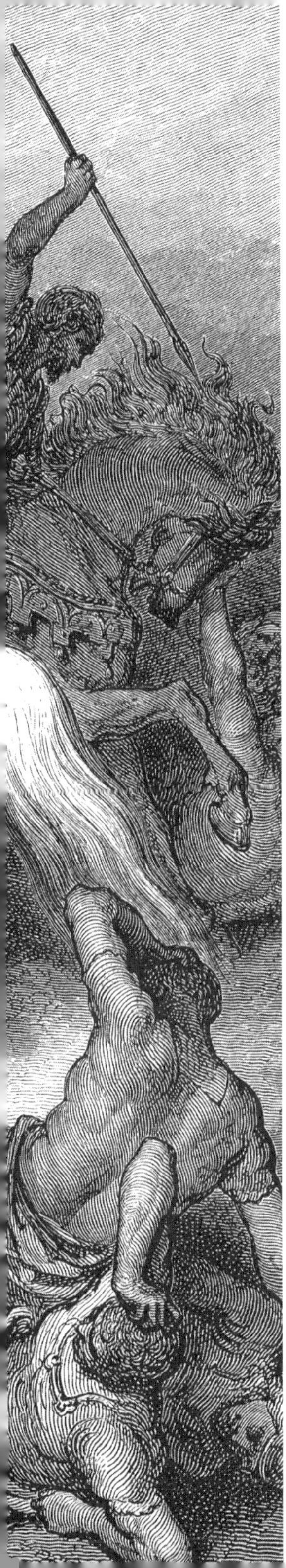

다윗의 용사들

사무엘기 하 23장

다윗이 통일 이스라엘의 왕이 되고 이스라엘의 국력을 키워 안정을 가져올 수 있었던 데는 많은 이들의 숨은 공이 컸다. 다윗은 생의 많은 부분을 전장에서 보낸 만큼 그와 함께 전장을 누빈 용사들의 공이 가장 컸다고 볼 수 있다.

가장 용맹한 세 용사는 요셉바쎄벳, 엘아자르, 삼마였다. 이들은 일당 수백의 뛰어난 전력을 갖추기도 했지만, 전장 한가운데에서 목 말라하는 다윗을 위해 적진을 뚫고 들어가 우물물을 길어올 만큼 충성심이 깊고 용맹했다. 요압의 동생 아비사이는 30인 용사들의 수장으로 단번에 300명을 해치울 만큼 뛰어난 전사였다. 다윗의 호위대장 브나야는 엄청난 장사로, 맨손으로 사자를 때려 잡고 막대기 하나로 창을 든 이집트 거인을 해치웠다.

성경에는 이들을 포함해 모두 37인의 용사의 이름이 기록돼 있다.

솔로몬의 재판

열왕기 상 3장

어느 날 솔로몬 왕 앞에 두 여인이 한 아기를 데리고 와서 그 아기의 친권자를 가려달라고 했다. 두 여인 중 한 여인이 말했다. "우리는 한집에 살고 있습니다. 제가 아기를 낳고 사흘 후 이 여자도 아기를 낳았는데, 이 여자의 아기는 태어난 날 바로 죽었습니다. 그러자 이 여자가 한밤중에 제 아기와 죽은 자기 아기를 바꿔치기 했습니다." 다른 한 여인은 말도 안 되는 소리라며 살아있는 아기는 자기 아기라고 외쳤다. 두 여자 사이에 다툼이 일었다.

이 모습을 본 솔로몬이 칼을 가져오라 명했다. 신하가 칼을 가져오자 솔로몬은 칼로 아기를 둘로 나눠 두 여인에게 한 쪽씩 주라고 했다. 솔로몬의 말을 듣고 한 여인은 가만히 있고, 다른 한 여인은 다급하게 말했다. "아기를 죽이지 마세요! 제가 아기를 포기하겠습니다."

솔로몬은 아기를 죽이지 말라고 한 여인이 진짜 엄마이니 그녀에게 아기를 주라고 판결했다. "진정 어미라면 제 자식을 소유하기보다는 살리려고 할 것이다. 그러므로 바로 저 여인이 아기의 어미다."

솔로몬의 성전 건축

열왕기 상 6~9장

다윗은 평생을 전장에서 보내느라 하느님의 성전을 지을 겨를이 없었다. 하지만 다윗이 전장을 누비며 산 덕분에 솔로몬이 왕이 되었을 때는 이스라엘이 평화와 번영을 누렸다. 이런 평화와 번영을 바탕으로 솔로몬은 즉위 4년을 맞아 성전 건축을 시작했다.

성전 건축에 쓸 목재는 티로 왕국과의 교역을 통해 조달했다. 이스라엘에서 재배한 곡물을 티로의 송백나무, 전나무와 맞바꾼 것이다. 수십만 명의 사람이 부역에 동원됐다. 그들 대부분은 티로과 이스라엘을 오가며 자재를 운반하거나, 석산에서 돌을 다듬어 건축 현장까지 운반하거나, 건축 현장에서 막노동을 했다.

건축을 시작한 지 7년 만에 성전이 완공됐다. 성전을 다 지은 뒤에 솔로몬은 다시 3년에 걸쳐 궁전을 건설했다.

솔로몬은 성전에 계약궤를 옮기고, 이스라엘의 번영을 기원하며 번제를 올렸다. 솔로몬의 기도를 들은 하느님이 말했다. "너와 네 자손이 나의 계명을 지키고 율법에 따라 살면, 나는 네 자손이 대대손손 이스라엘의 왕좌에 앉게 할 것이다. 하지만 너와 네 자손이 나의 율법과 계명을 지키지 않고 다른 신을 섬긴다면, 나는 네가 내게 바친 이 성전을 버리고, 이 땅에서 이스라엘을 끝장낼 것이다."

스바 여왕을 맞는 솔로몬

열왕기 상 10장

솔로몬의 지혜로움은 먼 나라들에도 널리 알려졌다. 스바 여왕도 그 소문을 들었다. 소문의 실체를 확인하고 싶어진 여왕이 값진 향료와 보석 등을 가득 가지고 예루살렘을 방문했다.

여왕은 어려운 문제를 몇 개 내어 솔로몬을 시험했다. 솔로몬은 여왕의 질문에 막힘없이 대답하고, 여왕을 융숭하게 대접했다. 여왕은 솔로몬의 지혜뿐 아니라 궁전과 성전 등 그가 이룬 모든 것에 대해 찬사를 보냈다. 여왕은 솔로몬의 하느님을 찬양하고 가지고 간 선물들을 건넸다. 솔로몬 역시 그에 상응하는 답례를 하여 여왕을 돌려보냈다.

말년의 솔로몬

열왕기 상 11~12장

솔로몬은 다윗이 간통을 저지르며 취한 여인 밧세바와의 사이에서 얻은 자식이었다. 솔로몬이 왕이 됐을 때 하느님이 꿈에 나타나 소원을 말해보라고 했다. 솔로몬은 하느님의 백성을 잘 다스릴 수 있도록 지혜를 달라고 했다. 하느님은 사리사욕을 탐하지 않는 이 대답이 참으로 마음에 들어서 솔로몬에게 지혜뿐 아니라 부귀영화도 함께 주었다. 과연 솔로몬은 뛰어난 지혜로 백성을 통치하고 엄청난 부를 쌓고 제국을 이루었다.

그러나 솔로몬은 지나친 호색가였다. 그는 700명의 후궁과 300명의 수청 드는 여인을 거느렸다. 그들 중 많은 수가 이방 민족이었다. 자연히 그녀들과 함께 이방의 신들도 궁에 들어왔다. 말년의 솔로몬은 시돈, 암몬, 모압 등 이방의 우상을 모시는 신전을 세우고 제사를 지냈다. 그러자 하느님이 진노했다. 이는 솔로몬이 성전을 완성하고 번제를 올릴 때 하느님이 한 말에 반하는 행위였기 때문이다.

솔로몬 제국에 균열이 생기기 시작했다. 에돔 족 후손인 하닷이 남쪽에서 반란을 일으켰다. 북쪽에서는 아람 족 후손인 르존이 반란을 일으켰다. 남북으로 반란군에 시달리는 처지에 이스라엘 민족 내부에서도 반란자가 생겼다. 에프라임 지파의 후손인 예로보암이 솔로몬에게 반기를 든 것이다.

솔로몬이 죽자 이스라엘은 다시 둘로 갈라졌다. 다윗이 통일하기 전의 이스라엘과 같아진 것이다. 유다 지파가 사는 남쪽(유다 왕국)에서는 다윗의 후손이자 솔로몬의 아들인 르하브암이, 나머지 지파가 사는 북쪽(북이스라엘)에서는 솔로몬에게 반기를 든 예로보암이 각각 왕이 되었다.

사자에게 물려 죽은 하느님의 사자

열왕기 상 13장

예로보암은 성전이 예루살렘에 있다는 게 신경 쓰였다. 예루살렘은 르하브암이 다스리는 유다의 수도였다. 그는 성전을 순례하는 백성들의 민심이 르하브암에게로 기울지 않을까 불안했던 것이다. 그래서 금송아지 두 마리를 만들어 하나는 베텔에, 하나는 단에 모셔두고 백성들을 그곳에서 예배 보게 했다.

예로보암이 자신이 새로 정한 순례절을 맞아 제사를 지내려 베텔의 제단에 올라갔다. 그때 한 사람이 나타나 제단을 향해 저주의 말을 퍼부었다. 그는 하느님의 신탁을 받고 유다에서 온 사람이었다. 예로보암이 그를 잡으려는 순간 제단이 무너져 내렸다.

베텔에 사는 한 늙은 예언자가 이 이야기를 듣고 유다에서 온 하느님의 사자를 찾아 나섰다. 그는 유다로 가는 길목에서 하느님의 사자를 만나 자기 집으로 함께 가기를 권했다. 하느님의 사자는 늙은 예언자의 권유를 거절했다. 베텔에서는 그 무엇도 먹거나 마시지 말라는 신탁을 받았기 때문이다. 그러자 늙은 예언자는 천사가 자신을 찾아와서 하느님의 사자를 잘 대접하라 했다고 거짓말을 했다. 하느님의 사자는 그 말을 믿고 예언자의 집으로 가서 음식을 먹고 마셨다. 하느님의 사자는 식사를 마치고 유다로 돌아가던 중 사자에게 물려 죽었다. 이 사실을 안 늙은 예언자가 그의 시신을 수습하여 자기 가족 묘지에 묻었다.

과부의 아들을 살린 엘리야

열왕기 상 17장

예로보암 이후로도 북이스라엘의 왕이 된 자들은 하나같이 하느님의 율법을 어기고 우상을 숭배했다. 르하브암을 비롯한 유다 왕들의 경우도 별반 다를 게 없었다.

북이스라엘 왕 아합은 선왕들에 비해 특히 심했다. 그는 시돈의 공주 이제벨과 결혼했을 뿐 아니라 시돈의 신 바알을 숭배하여 바알 신전까지 세웠다. 보다 못한 예언자 엘리야가 아합을 찾아가 경고했다. "하느님의 이름으로 맹세하노니, 앞으로 내가 입을 열기 전까지 북이스라엘에는 이슬 한 방울 내리지 않을 것이오!"

엘리야는 요르단 강 동쪽의 개울가에서 까마귀가 주는 음식을 먹으며 숨어 지내다가 시돈 땅 사렙타로 옮겨갔다. 그곳에서 엘리야는 한 과부를 만났는데, 그녀는 자신과 아들이 죽기 전에 마지막으로 먹으려던 음식을 엘리야에게 내주었다. 그날부터 과부의 집에는 먹을거리가 떨어지지 않았다.

그런데 얼마 뒤 과부의 아들이 병들어 죽어버렸다. 엘리야는 죽은 과부의 아들을 자기 침소로 데려가 눕힌 뒤 아이를 살려달라고 기도했다. 그러자 아이가 다시 숨을 쉬기 시작했다.

바알의 예언자들을 죽이는 엘리야

열왕기 상 18장

아합 왕과 북이스라엘 백성들이 지켜보는 가운데, 엘리야와 바알 신을 모시는 예언자 450명이 카르멜 산에서 대결을 벌였다. 단을 쌓아 황소를 올려놓고 신을 불러 불을 붙이는 대결이었다.

먼저 바알의 예언자들이 신을 불렀다. 아무 일도 일어나지 않았다. 그러자 그들은 춤을 추고 칼로 자해를 하며 바알 신을 불렀다. 그러나 끝내 불은 붙지 않았다.

이번에는 엘리야가 하느님을 불렀다. 곧바로 불길이 내려와 단과 황소를 태워버렸다. 놀란 이스라엘 백성들이 하느님을 외쳤고, 엘리야는 그들과 함께 바알의 예언자들을 강가로 끌고 가서 모조리 처형했다.

엘리야에게 빵과 물을 주는 천사

열왕기 상 19장

궁으로 돌아간 아합 왕은 왕비 이제벨에게 엘리야가 카르멜 산에서 벌인 일을 말해주었다. 분노한 이제벨은 엘리야를 반드시 죽이겠다고 선언했다.

엘리야는 이제벨을 피해 광야로 도망갔다. 브에르세바에서 시종과 헤어져 혼자 하루를 더 걸은 엘리야는 싸리나무 아래에 힘들고 지친 몸을 뉘었다. 그리고 자신의 목숨을 거두어달라고 기도하고 잠이 들었다.

그때 천사가 나타나 엘리야를 깨웠다. 옆에는 빵과 물이 놓여 있었다. 엘리야는 그것을 먹고 또 잠이 들었다. 천사가 다시 와서 엘리야를 깨우며 갈 길을 재촉했다. 엘리야는 일어나 다시 음식을 먹고 힘을 얻은 뒤 40일을 밤낮으로 걸어 호렙 산에 도착했다.

아람의 대군을 무찌르는 북이스라엘 소년병들 열왕기 상 20장

아람 왕 벤하닷이 전군을 이끌고 북이스라엘을 침략했다. 수세에 몰린 아합 왕에게 한 예언자가 찾아갔다. 예언자는 하느님이 도와줄 것이라며 각 지방에서 소년병을 모아서 선제공격을 하라고 일렀다. 232명의 소년병들을 선두에 세운 북이스라엘군은 방심하고 있는 아람군을 기습공격해 큰 승리를 거두었다.

이듬해 벤하닷이 다시 군대를 모아 북이스라엘을 공격했다. 북이스라엘과 아람은 7일간 대치하다가 전투를 시작했다. 이 전투에서도 북이스라엘이 대승을 거뒀다. 포위된 벤하닷이 아합에게 살려달라고 애걸했다. 아합은 벤하닷을 살려주고 아람과 동맹을 맺었다.

아합의 죽음

열왕기 상 22장, 역대기 하 18장

유다 왕 여호사팟은 선왕들이 모시던 우상을 없애고 종교를 바로잡으려 노력했다. 또한 각 성읍에 재판관과 수비대를 두어 혼탁한 질서를 바로 잡고 국방을 강화했다. 그는 자신의 아들 여호람을 아합의 딸 아탈야와 결혼시킴으로써 북이스라엘과 혼인동맹을 맺었다.

마침 아람에 빼앗긴 라못 길앗 지방을 되찾고 싶었던 아합은 유다 왕 여호사팟에게 함께 싸우자고 부추겼다. 두 왕이 400여 명의 예언자들을 모아놓고 출전 여부에 대한 신탁을 물었다. 모든 예언자들이 승리를 호언하는 가운데 오직 한 사람, 미카야만은 출전을 반대했다. 그러자 아합은 미카야를 감옥에 가두고 전장에 나갔다.

결과는 대패였다. 아합은 미카야의 예언이 마음에 걸려 왕의 제복을 입지 않고 나갔으나 적군이 무차별적으로 퍼부은 화살을 맞고 목숨을 잃었다. 여호사팟은 겨우 목숨을 건져 예루살렘으로 돌아갔다.

암몬과 모압 군대의 전멸

역대기 하 20장

라못 길앗 전투가 있은 지 얼마 뒤에 모압과 암몬이 연합군을 조직해 유다를 침략했다. 지난 전쟁에서 큰 환난을 겪은 여호사팟은 전국에 단식령을 내리고 예루살렘 성전에 백성들을 모아놓고 기도했다. 무리 중에 야하지엘이라는 사람에게 신탁이 내렸다. 여호사팟은 신탁에 따라 성가대를 조직하여 예복을 입힌 다음 군대 앞에 세우고 전장으로 갔다.

여호사팟의 군대가 찬양을 하며 행진하자 놀라운 일이 벌어졌다. 암몬군과 모압군이 혼란에 빠져 서로를 공격한 것이다. 적군은 순식간에 자멸했다. 여호사팟의 군대는 적의 시체더미에서 사흘 동안 전리품을 거둬들였다.

아하즈야가 보낸 군사들을 불사르는 엘리야

열왕기 하 1장

아합이 전사한 뒤 그의 아들 아하즈야가 북이스라엘의 왕이 됐다. 아하즈야도 그의 아버지처럼 이방신을 섬겼다. 그는 궁전 난간에서 떨어져 크게 다쳤을 때 바알 신을 찾았다. 예언자 엘리야가 이 사실을 알고 아하즈야의 신하들을 만나 왕이 영영 회복하지 못하고 죽을 것이라 말했다. 신하들에게서 엘리야의 말을 전해들은 아하즈야는 군사를 보내 엘리야를 잡아오게 했다.

아하즈야의 군사들이 엘리야를 잡으러 산으로 갔을 때 하늘에서 불길이 내려와 그들을 모조리 불살라버렸다. 아하즈야는 다시 군사들을 보냈으나 그들 역시 하늘에서 내려온 불에 타죽었다. 아하즈야는 또 다시 군사들을 보냈다. 이들의 대장이 엘리야에게 자기들의 생명을 귀히 여겨 달라고 부탁하고 같이 가줄 것을 간곡히 부탁했다. 그제야 엘리야는 그들과 함께 아하즈야에게 갔다. 그리고 아하즈야의 신하들에게 했던 말을 직접 전했다. 아하즈야는 엘리야의 예언대로 세상을 떠났다. 아하즈야가 죽자 그의 동생 요람이 북이스라엘의 왕이 됐다.

불수레를 타고 하늘로 올라가는 엘리야

열왕기 하 2장

엘리야가 하느님에게로 돌아갈 때가 됐다. 엘리야가 길갈을 떠나는데 그의 제자 엘리사가 따라나섰다. 엘리야가 따라오지 말라고 해도 한사코 같이 가겠다고 했다. 둘은 길갈을 떠나 베텔과 예리코를 거쳐 요르단으로 갔다. 요르단 강에 이르렀을 때 엘리야가 겉옷을 벗어 손에 쥐고 강물을 내리쳤다. 그러자 물이 갈라져 길이 생겼다. 두 사람은 그 길을 통해 강을 건넜다.

두 사람이 대화를 나누며 계속 길을 가는데 불말이 불수레를 끌고 나타나 둘 사이에 끼어들었다. 동시에 회오리바람이 불어와 엘리야를 실은 불수레를 하늘로 올려 보냈다.

그 놀라운 광경을 바라보던 엘리사가 정신을 차리고 주위를 둘러보니 엘리야의 겉옷이 떨어져 있었다. 엘리사는 그 옷을 집어 들고 엘리야가 했던 것처럼 물을 쳐서 요르단 강을 건너 되돌아왔다.

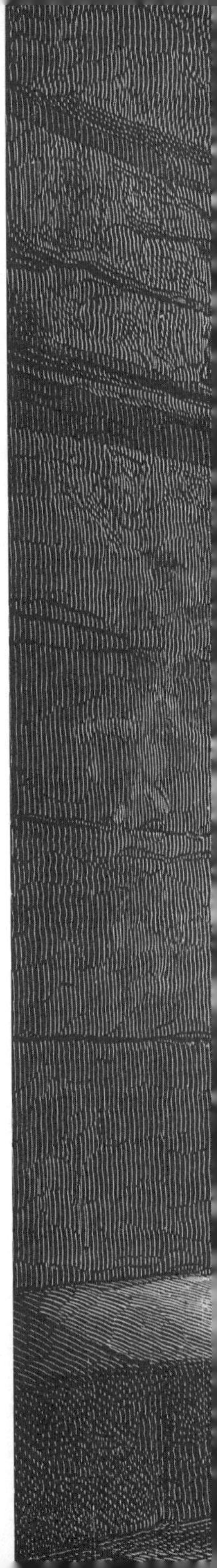

곰에게 공격당하는 아이들

열왕기 하 2장

엘리사가 예리코에 머무를 때 사람들이 예리코의 물이 나빠서 나무들이 열매를 잘 맺지 못한다고 호소하는 소리를 들었다. 엘리사가 새 그릇에 소금을 담아 샘터로 가지고 가 뿌렸다. 그러자 예리코의 물이 깨끗해졌다.

엘리사가 예리코를 떠나 베텔로 가는데 한 무리의 아이들이 나타나 "대머리야 꺼져라" 하며 놀려댔다. 엘리사는 하느님을 부르며 그 아이들을 저주했다. 그러자 숲에서 암곰 두 마리가 나타나 아이들을 찢어 죽였다.

포위된 사마리아에 기근이 들다

열왕기 하 6~7장

아람 왕 벤하닷이 군대를 끌고 북이스라엘을 침략했다. 예언자 엘리사가 아람군의 눈을 멀게 해 사마리아 성 안으로 유인했다. 북이스라엘 왕 요람이 그들을 치려 했지만, 엘리사는 그들에게 먹을 것을 주어 돌려보내라고 했다. 요람은 엘리사의 말을 따랐다.

그런데 얼마 뒤 벤하닷이 다시 군대를 몰고 와 사마리아를 포위했다. 포위가 풀리지 않자 사마리아 사람들이 모두 굶어죽기 직전에 놓였다. 굶주린 사람들이 아기를 잡아먹는 상황에까지 이르자 요람은 엘리사를 원망하며 그를 죽이려고 사자를 보냈다. 엘리사는 요람의 사자에게 곧 아람군이 물러가고 굶주림이 해결될 거라고 했지만, 요람의 사자는 믿지 않았다.

그즈음 성 밖에서 진을 치고 있던 아람군은 전차소리, 말발굽소리, 함성소리가 다가오는 것을 들었다. 이는 하느님이 만들어낸 환청이었다. 그렇지만 아람군은 북이스라엘군이 대군을 이끌고 급습하는 소리로 착각하고 맨몸으로 급히 도망쳤다. 아람군이 도망간 것을 안 사마리아 사람들이 아람군 진영에 남겨진 양식을 가지러 몰려갔다. 엘리사의 예언을 믿지 않았던 요람의 사자가 성문 주변에 있다가 그들의 발에 밟혀 죽었다.

이제벨의 죽음

열왕기 하 9장

예언자 엘리사는 비밀리에 북이스라엘의 장수 예후를 새로운 왕으로 옹립하고, 그에게 우상 숭배를 일삼은 아합의 집안을 멸문하는 임무를 맡겼다. 때마침 요람 왕은 아람과 싸우다가 부상을 입고 이즈르엘에서 치료를 받는 중이었다. 예후는 이즈르엘로 가 요람과 그를 문병 온 유다 왕 아하즈야를 한꺼번에 죽이고 곧장 요람의 어머니이자 아합의 부인인 이제벨이 있는 성으로 향했다.

예후가 갔을 때 이제벨은 화려하게 치장한 모습으로 창가에 서 있었다. 예후가 이제벨 옆에 서있는 시종들을 향해 "저년을 떨어뜨려라"고 하자 그들이 이제벨을 창밖으로 내던졌다.

이제벨의 시신을 수습하다

열왕기 하 9장

예후는 추락한 이제벨의 몸을 자신이 탄 말로 짓이기고 성 안으로 들어가서 먹고 마셨다. 그리고 한참 뒤에야 사람들을 시켜 이제벨의 시신을 수습해 묻어주라고 명했다. 사람들이 찾아 나섰을 때 이제벨의 시신은 두개골과 손과 발만이 남아있었다. 오래전 엘리야가 예언한 대로 개들이 이제벨의 몸통을 먹어버린 때문이었다.

아탈야의 죽음

열왕기 하 11장

유다 왕 아하즈야가 예후에게 죽임을 당하자 그의 어머니 아탈야가 유다의 정권을 잡았다. 아탈야는 북이스라엘 왕 아합과 이제벨의 딸이었다. 여호사팟이 유다의 왕이었을 때 자신의 아들과 아합의 딸을 정략 결혼시켰던 것이다. 아탈야는 정권을 잡는 과정에서 손자들을 모두 처형했는데, 갓난아기 요아스만은 고모가 도피시킨 덕분에 살아남았다. 요아스는 할머니 아탈야의 눈을 피해 성전에 숨어 살았다.

요아스가 숨어 산 지 7년째 되는 해에 여호야다 사제가 반역을 일으켰다. 여호야다는 군 지휘관들과 원로들을 성전으로 불러 요아스 왕자가 살아있다는 것을 알리고, 그들과 함께 안식일을 거사일로 정한 후 계획을 짰다.

거사 당일, 유다의 온 백성과 관료들이 안식일을 지내기 위해 성전에 모인 가운데 여호야다가 요아스를 왕으로 옹립했다. 백성들이 환호하는 소리를 듣고 아탈야가 성전으로 갔다. 그녀는 반역이 일어났음을 깨닫고 소리쳤지만, 이미 늦었다. 아탈야는 성전 밖으로 쫓겨나 말이 다니는 길에서 죽임을 당했다.

사마리아를 점령한 이방인들을 물어 죽이는 사자

열왕기 하 17장

호세아 왕이 북이스라엘을 통치할 때 아시리아 왕 살만에세르가 쳐들어왔다. 전쟁에 진 북이스라엘이 아시리아에 조공을 바치다가 그만두고 이집트에 붙으려고 하자 아시리아 왕이 다시 북이스라엘을 침략했다. 수도 사마리아는 3년간의 포위 끝에 함락됐다. 살만에세르는 호세아 왕을 잡아가두고 사마리아의 북이스라엘 백성을 아시리아의 여러 도시로 추방하는 한편, 아시리아 사람들을 사마리아로 이주시켰다. 이로써 북이스라엘 왕국이 멸망했다.

사마리아로 이주한 아시리아인들은 자기네 신상을 만들어 신당에 모시고 제사지냈다. 어느 날 사자가 나타나 사마리아에 사는 아시리아인 몇 명을 물어 죽였다. 사람들은 이스라엘의 신이 노해서 이런 일이 벌어졌다고 아시리아 왕에게 보고했다. 그러자 아시리아 왕은 포로로 잡아간 사제들 중 한 명을 사마리아로 보내어 사람들에게 하느님을 섬기는 법을 가르치게 했다. 이로써 사마리아의 이민족들은 하느님도 섬기고 자신들의 신도 섬기게 됐다.

예언자 아모스

아모스서

아모스는 유다 왕국 트코아 지방 출신으로 양을 치고 뽕나무를 기르는 평범한 사람이었는데, 어느 날 하느님의 부름을 받고 예언자가 됐다. 예언자가 된 아모스는 고향인 유다를 떠나 북이스라엘의 중심지인 베텔과 사마리아에서 활동했다.

예언자 아모스가 활동한 시기는 아시리아가 암몬을 정복하고 또 다른 왕국과 전쟁을 벌이던 때였다. 이로 인해 외침에서 해방된 유다와 북이스라엘은 교역에 힘을 써서 부를 축적했다. 경제가 풍요로워짐에 따라 사치와 향락도 만연해 사회적 타락이 극심해졌다.

아모스는 가난한 자를 억압하고 정의가 사라진 사회, 우상을 숭배하고 율법을 어기는 사회를 신랄하게 비판했다. 그는 이러한 타락이 계속되면 하느님의 심판으로 북이스라엘이 멸망할 거라고 예언했다. 북이스라엘의 권력자들은 그를 눈엣가시로 여겨 유다로 추방했다.

예언자 이사야

이사야서

이사야는 유다의 왕족으로 태어나 우찌야 왕이 죽은 해에 하느님의 부름을 받아 예언자가 됐다. 그는 유다의 요탐 왕, 아하즈 왕, 히즈키야 왕, 므나쎄 왕이 통치한 시기에 예언 활동을 했다. 이 시기는 유다가 안으로는 타락과 부패에 시달리고 밖으로는 격변하는 국제정세로 큰 어려움을 겪던 때였다.

이사야는 이집트와 아시리아라는 두 강대국 사이에서 줄타기를 하며 의존정책을 펴는 유다의 왕들에게 오직 하느님만을 믿고 의지할 것을 촉구했다. 그는 타락한 자들에 대한 하느님의 심판을 예언했다. 이러한 예언은 훗날 아시리아가 쇠퇴하여 그 자리를 바빌론이 대신하고, 그 바빌론에 의해 유다가 정복당하는 것으로 실현됐다. 그렇지만 이사야는 심판 이후 고난의 시기에도 하느님을 믿고 따르면 다시 구원받게 될 것이라고 했다.

이사야서 11장에는 평화의 왕국에 대해 묘사한 유명한 구절이 실려 있다. "늑대가 새끼 양과 함께 살고 표범이 새끼 염소와 함께 지내리라. 송아지가 새끼 사자와 더불어 살쪄 가고 어린아이가 그들을 몰고 다니리라. 암소와 곰이 나란히 풀을 뜯고 그 새끼들이 함께 지내리라. 사자가 소처럼 여물을 먹고 젖먹이가 독사굴 위에서 장난하며 젖 떨어진 아이가 살무사굴에 손을 디밀리라."

G. Doré

이스라엘 사람들에게 회개하라고 외치는 미가

미가서

미가는 이사야와 동시대 인물로서 유다의 요탐 왕, 아하즈 왕, 히즈키야 왕의 재임기간에 예언자로 활동했다. 그는 타락한 권력자와 부자들을 비판하고, 북이스라엘과 유다의 멸망을 예언했다. 또한 장차 예루살렘에서 이스라엘 민족을 구원할 메시아가 태어날 것이라고 예언했다.

아시리아군을 멸하는 천사

열왕기 하 19장

유다 왕 아하즈는 우상을 숭배하고 강대국인 아시리아에 의지했다. 무능한 아하즈 왕이 죽고 그의 아들 히즈키야가 새로운 왕이 됐다. 히즈키야는 아버지와 달랐다. 그는 유다의 모든 우상과 신당을 없애고, 아시리아에 반기를 들었다. 그러자 아시리아 왕 산헤립이 유다를 침략해 여러 성읍을 점령했다. 히즈키야는 금과 은을 바쳐서 산헤립을 달래보려 했지만, 산헤립은 다시 대군을 보내 유다를 공격했다.

히즈키야는 더 이상 타협하지 않았다. 그는 부하들을 예언자 이사야에게 보내 유다를 위해 기도해달라고 부탁하고, 자신도 직접 성전에 들어가 기도했다.

얼마 뒤 이사야가 하느님의 뜻을 전했다. 아시리아군은 예루살렘을 공격하지 못하고 되돌아갈 것이며, 아시리아 왕 산헤립은 칼을 맞고 죽게 되리라는 것이었다. 그날 밤 천사가 나타나 아시리아군 18만 5천 명을 쳤다. 퇴각한 아시리아 왕 산헤립은 아시리아의 신을 모신 니스록 신전에서 제사를 지내다가 자기 아들들의 손에 살해됐다.

눈앞에서 아들들이 죽는 것을 보는 치드키야

열왕기 하 25장

여호야킨이 유다의 왕이 된 지 석 달이 지났을 때 바빌론 왕 네부카드네자르가 예루살렘을 침략했다. 네부카드네자르는 쉽게 예루살렘을 정복한 후 여호야킨을 폐위시켜 포로로 끌고 가고 그의 삼촌인 치드키야를 왕으로 세웠다.

치드키야가 바빌론을 배반하고 이집트에 빌붙었다. 그러자 치드키야가 왕이 된 지 9년째 되던 해에 네부카드네자르가 다시 예루살렘을 침략했다. 네부카드네자르는 토성을 쌓아 2년 동안 예루살렘을 포위했다. 고립된 예루살렘에 기근이 들자 굶주린 군사들이 성벽을 뚫고 탈출을 감행했다. 치드키야도 그 틈에 섞여 도망갔으나 뒤쫓아 온 바빌론 군사들에게 붙잡혔다. 치드키야는 눈앞에서 아들들이 죽는 것을 본 후 두 눈이 뽑히고 사슬에 묶인 채 바빌론으로 끌려갔다.

유다의 멸망을 슬퍼하는 백성들

열왕기 하 25장, 예레미야서 39장

치드키야를 마지막 왕으로 유다는 멸망했다. 유다를 정복한 바빌론은 예루살렘의 성벽을 허물고, 성전과 왕궁과 고관들의 집을 불사르고, 보물을 약탈해 갔다. 고관 등 유다의 정치인과 사제 수십 명이 처형당하고 수많은 사람들이 포로로 잡혀갔다.

예루살렘에는 미천한 자, 가난한 자들만이 남겨졌다. 그들은 포도원과 밭에서 일하는 일꾼이 됐다. 바빌론은 그달야를 유다의 총독으로 임명했다.

예언자 예레미야

예레미야서, 애가

예레미야는 벤야민 지방의 사제 출신으로, 요시야 왕 때부터 예언자로 활동하기 시작했다. 천성이 여리고 겁이 많은 예레미야는 예언자가 되기를 거부하다가 자신의 운명을 받아들였다.

예레미야는 고통 속에서 흐느끼며 예언했다고 하여 '눈물의 예언자, 슬픔의 예언자'라고 불린다. 앞서 활동한 선배 예언자들은 유다의 멸망을 예언했지만 직접 본 것은 아니다. 그렇지만 예레미야는 살아생전에 유다가 멸망하여 도시가 파괴되고 많은 사람이 죽거나 포로로 끌려가는 것을 보았다.

유다가 멸망한 뒤 예레미야는 바빌론이 총독으로 세운 그달야의 비호를 받으며 예루살렘에 머물렀다. 얼마 뒤 유다 왕족인 이스마엘이 반란을 일으켜 그달야를 살해하고 예루살렘을 탈출하는 사건이 벌어졌다. 이때 예레미야는 이집트파에 의해 강제로 이집트로 끌려가서 지내다가 그곳에서 유다 사람이 던진 돌에 맞아 죽었다.

예레미야는 유다를 비롯해 바빌론과 이집트 등 주변 왕국의 운명에 관한 하느님의 예언을 담은 예언서인 '예레미야서'와 유다의 패망과 참상을 다룬 '애가'를 남겼다.

예레미야의 예언을 기록하는 바룩

예레미야서 36장

여호야킴이 유다 왕이 된 지 4년째 되던 해에 하느님이 예레미야에게 두루마리에 예언을 기록하라고 명했다. 예레미야는 제자이자 동료인 바룩에게 자신의 예언을 받아 적게 했다. 바룩은 예언을 기록하는 데 그치지 않고 사람들 앞에서 그것을 낭독했다.

이듬해에 바룩이 왕궁의 고관들 앞에서 두루마리에 적힌 예언을 낭독했는데, 여후디란 사람이 두루마리를 빼앗아 왕 앞에서 읽었다. 예언의 내용이 맘에 들지 않은 왕은 그 자리에서 두루마리를 찢어 불태우고 예레미야와 바룩을 잡아들이라고 명령했다. 그러나 두 사람은 무사히 피신했다. 하느님은 불태워진 두루마리 속에 적혀 있던 예언을 예레미야에게 다시 일러주었고, 바룩은 예레미야가 전하는 하느님의 예언을 새로 받아 적었다.

예언하는 에제키엘

에제키엘서

바빌론은 모두 3차례의 침공 끝에 유다를 멸망시켰다. 1차 침공은 여호야킴 왕 때, 2차 침공은 여호야킨 왕 때, 마지막 3차 침공은 치드키야 왕 때였다. 바빌론은 침공 때마다 수많은 유다 사람들을 포로로 끌고 갔다.

1차 침공 때 바빌론으로 끌려간 유대인 포로 가운데 에제키엘이라는 사제가 있었다. 그는 포로로 끌려간 지 5년째 되던 해에 크바르 강가에서 환영을 보았다. 사람과 짐승 등 네 가지 형상을 한 존재들이 이끄는 수레를 타고 하느님이 나타났다. 넋이 나가 주저앉은 그에게 하느님이 말했다. "일어나서 이것을 받아먹어라. 그리고 가서 네 동포들에게 말하라." 하느님이 먹으라고 준 것은 두루마리 책이었다. 그는 그것을 받아 맛있게 먹었다. 이날 이후 에제키엘은 포로로 끌려간 유다 사람들에게 하느님의 뜻을 전하는 예언자가 되었다. 그는 주로 상징적인 내용의 환영을 통해 하느님의 뜻을 전해 받았다.

에제키엘의 예언은 유다가 멸망하기 전의 내용과 멸망한 후의 내용이 확연히 다르다. 그는 유다가 멸망하기 전에는 타락한 왕국에 대한 하느님의 준엄한 심판을 주로 예언했다. 반면 유다가 멸망한 후에는 나라를 잃고 유배지에서 혹독한 시련과 아픔을 겪고 있는 동포들에게 구원받을 것이라는 희망을 주는 예언을 주로 했다.

마른 뼈들의 부활

에제키엘서 37장

에제키엘은 하느님의 부름에 이끌려 간 어느 골짜기에서 환영을 보았다. 그곳에는 바싹 마른 뼈들이 가득 쌓여 있었다. “이 뼈들이 살아날 것 같은가?”라는 하느님의 물음에 에제키엘은 “당신께서 아십니다”라고 대답했다.

그러자 하느님이 말했다. “뼈들에게 이렇게 말하여라. ‘하느님이 너희의 힘줄을 잇고 그것을 살과 살갗으로 덮으리라. 그리고 숨결을 불어넣어 너희를 살아나게 하리라.’”

에제키엘이 그대로 말하니 흩어진 뼈들이 모이고, 그 위로 힘줄이 붙고, 살이 돋아나고, 생기가 돌더니 살아나서 큰 무리를 이루었다. 하느님은 그 무리를 가리켜 이스라엘 백성이라고 하면서 그들을 무덤에서 이끌어내 고국으로 돌아가게 하겠다고 약속했다.

크세르크세스 왕의 명령을 거역한 왕비

에스테르기 1~2장

페르시아 왕 크세르크세스는 즉위한 지 3년째 되던 해에 관료와 장군, 지방 수령들을 왕궁으로 초대하여 큰 잔치를 열었다. 잔치는 180일 동안 계속됐다. 고관대작을 위한 잔치가 끝나자 왕은 다시 백성을 위하여 7일간 잔치를 베풀었다. 같은 시기에 와스티 왕비도 여인들을 왕궁으로 초대해 따로 잔치를 열었다.

잔치의 마지막 날, 거나하게 취한 왕이 와스티 왕비를 화관으로 단장시켜 모셔오라고 내시들에게 명령했다. 왕비의 아름다움을 만백성에게 과시하고 싶었던 것이다. 그러나 왕비는 오지 않았다. 왕은 왕비가 자신의 명을 따르지 않은 것에 몹시 격분했다. 규례와 법률을 아는 현자들이 모여 이 사건에 대해 논의했다. 논의는 왕비를 폐위하는 것으로 결론 났다. 왕비가 왕의 명을 거역하고도 무사하다는 소문이 퍼지면, 나라 안의 모든 아내들이 남편을 무시하게 될 것이라는 우려 때문이었다. 왕은 왕비를 폐위하고, 가정은 남자가 다스려야 한다는 조서를 전국에 돌렸다.

왕비가 폐위된 뒤 왕은 전국에서 아름다운 처녀들을 뽑아 후궁으로 들였고, 그들 중 한 사람을 왕비로 삼았다. 유다 출신의 에스테르였다. 에스테르는 일찍이 부모를 여의고 삼촌인 모르도카이의 손에서 길러졌다. 모르도카이는 왕궁의 문지기였다. 그는 에스테르에게 자신이 어느 민족 사람인지는 말하지 말라고 일렀다.

왕 앞에 선 에스테르

에스테르기 3~5장

하만은 페르시아에서 왕만 빼고는 가장 높은 지위인 재상 자리에 오른 사람으로, 왕의 신임을 한 몸에 받았다. 모든 사람들이 하만을 떠받들면서 무릎을 꿇고 절을 했다. 단 한 사람, 왕궁 문지기 모르도카이만은 예외였다. 그는 사람들의 충고에도 불구하고 하만 앞에서 결코 무릎을 꿇지 않았다.

하만은 눈엣가시 같은 모르도카이를 죽이기로 마음먹었다. 그리고 모르도카이 하나만 죽이는 것으로는 성에 차지 않아서 페르시아에 있는 이스라엘 사람들을 모두 없애버리기로 했다.

하만은 왕을 찾아가 페르시아에 사는 여러 민족 가운데 한 민족이 왕의 법률을 따르지 않으니 그들을 멸하는 것이 나라에 이롭다고 말했다. 하만을 신임한 왕은 그 민족을 몰살하고 그들의 재산을 몰수하라는 내용의 조서를 내렸다.

이 사실을 안 모르도카이가 베옷을 입고 재를 뒤집어쓴 채 궁문 앞에서 통곡했다. 소식을 들은 에스테르가 갈아입으라고 새 옷을 가져다주었지만 모르도카이는 거부했다. 시종을 통해 자초지종을 들은 에스테르는 이스라엘 민족을 구하러 나서기로 마음먹었다.

에스테르는 베옷으로 갈아입고 단식기도를 했다. 사흘째 되는 날 에스테르는 예복을 갖춰 입고 어전으로 갔다. 페르시아의 법은 왕의 부름을 받지 않은 사람은 왕을 만날 수 없게 돼있었다. 왕후도 예외가 아니었고, 이를 어기는 사람은 누구든 죽음을 면치 못했다. 단, 왕이 자신의 금지팡이를 건넬 경우에는 죽음을 면할 수 있었다. 이날 에스테르는 왕의 부름을 받지 않은 상태로 어전에 갔다. 막상 나서긴 했지만 그녀는 두려웠다. 그리고 마침내 왕을 대면하는 순간 온몸에서 힘이 쑥 빠져 쓰러지고 말았다.

왕은 부르지도 않았는데 불쑥 찾아온 에스테르를 보고 당황했다. 하지만 곧 그녀의 사랑스러운 모습을 보고는 마음이 누그러져서 가지고 있던 금지팡이를 내밀었다. 그리고 무엇이든 다 들어줄 테니 소원을 말하라고 했다. 에스테르는 왕을 위해 연회를 준비했으니 하만과 함께 와 달라고 말했다.

왕은 하만을 불러 에스테르가 연 연회에 참석했다. 왕은 에스테르에게 아까 말하지 않은 소원을 말해보라고 했다. 에스테르가 말했다. "내일 또 연회를 열겠사오니 하만과 함께 와주소서. 제 소원은 그때 말씀드리겠나이다."

왕의 포상을 받은 모르도카이

에스테르기 6장

연회가 열린 날 밤에 크세르크세스 왕은 어전 내시를 불러 왕실 일지를 꺼내어 읽게 했다. 일지에는 얼마 전 있었던 왕 암살미수 사건에 대한 내용이 기록돼 있었다. 왕궁 문지기인 모르도카이가 어전 내시 두 사람의 왕 암살 음모를 우연히 알게 되어 왕후인 에스테르에게 알리고 에스테르가 다시 왕에게 알려 암살을 막은 사건이었다.

크세르크세스 왕은 그때 공을 세운 모르도카이에게 어떤 포상이 내려졌는지 물었다. 그가 아무런 포상도 받지 못했다는 대답이 돌아왔다. 그에게 상을 주어야겠다고 생각한 왕은 아직 왕궁 뜰에 머물러 있던 재상 하만을 불러서 물었다. “내가 어떤 사람에게 큰 상을 주고 싶은데, 어떻게 하면 좋겠소?” 평소 왕의 총애를 받던 하만은 왕이 자신에게 상을 주려 한다고 생각했다. 그래서 자기가 원하는 것을 이야기했다. “그 사람에게 폐하의 옷을 입히고, 폐하의 말을 내어 주십시오. 그런 다음 가장 높은 신하를 시켜 그 사람이 탄 말을 끌고 성을 한 바퀴 돌면서 이렇게 외치게 하십시오. ‘보아라. 왕께서 이 사람에게 큰 상을 내리셨다.’”

이 제안이 마음에 든 왕이 하만에게 명했다. “속히 가서 모르도카이를 데려오시오. 그리고 방금 내게 말한 것을 하나도 빠뜨리지 말고 그에게 행하시오.” 하만은 당황했지만 왕명을 거역할 수 없었다. 그는 왕의 옷을 입은 모르도카이가 탄 말을 끌고 성을 한 바퀴 도는 굴욕을 당해야만 했다.

하만을 고발하는 에스테르

에스테르기 7장

다음 날 왕은 하만을 불러 에스테르가 연 두 번째 연회에 함께 참석했다. 기분 좋게 한잔 마신 왕이 에스테르에게 소원을 물었다. 에스테르가 말했다. "진정 저를 어여삐 여기신다면 부디 저와 제 민족의 생명을 구해주소서. 제 민족이 몰살될 처지에 놓였나이다." 어찌된 일인지를 묻는 왕에게 에스테르는 자세한 내막과 함께 모든 일을 꾸민 이가 하만임을 고했다.

에스테르의 이야기를 듣고 분노한 왕은 자리를 박차고 일어나 뜰로 나갔다. 왕이 나가자 하만은 에스테르에게 매달려 살려달라고 애원했다. 다시 돌아온 왕이 이 모습을 보고 하만이 왕후를 겁탈하려는 줄로 알고 더욱 노했다.

하만은 모르도카이를 매달아 죽이려고 자기 집 마당에 세워두었던 장대에 자신이 매달려 죽음을 맞았다. 하만의 집은 에스테르에게 주어졌으며, 이스라엘 민족을 몰살시키고 그들의 재산을 몰수하라는 왕명은 철회됐다.

다니엘

다니엘서 1~2장

여호야킴 왕의 재위 3년 차에 유다는 바빌론의 침략을 받았다. 전쟁에서 이긴 바빌론은 수많은 유다 사람들을 포로로 잡아갔다. 그들 가운데는 왕족과 귀족 집안의 어린 자제들도 끼여 있었다. 바빌론은 용모가 출중하고 지혜로운 소년들을 가려내어 궁정에서 바빌론식 교육을 시켰다.

다니엘과 그의 친구 셋(하난야, 미사엘, 아자르야)은 선발된 소년들 가운데서도 특히 눈에 띄게 총명했다. 이들은 궁정에서 교육을 받는 동안 왕이 주는 산해진미를 마다하고 물과 푸성귀만을 먹었다. 이스라엘 율법에서 금지하는 음식을 먹지 않기 위해서였다. 3년의 교육기간이 끝났을 때 네 사람은 바빌론에서 가장 총명한 사람이 돼 있었다.

어느 날 네부카드네자르 왕이 꿈을 꾸었는데, 그 내용이 하도 요상해서 잠을 이루지 못했다. 왕은 자신이 꾼 꿈이 어떤 내용인지 알아맞히고 풀이도 해줄 이를 찾았다. 그러나 바빌론의 모든 술사와 현자들 가운데 누구도 그것을 아는 이가 없었다. 이때 다니엘이 나서서 왕이 꾼 꿈의 내용을 알아맞히고 그 꿈을 풀이해주었다. 이 일로 다니엘은 왕의 총애를 받아 고위 관리가 됐다. 다니엘은 세 친구를 측근에 두고 나랏일을 했다.

불구덩이에 던져진 다니엘의 세 친구

다니엘서 3장

바빌론의 네부카드네자르 왕이 두라 평야에 금으로 만든 거대한 신상을 세웠다. 바빌론의 모든 관료들이 참석한 가운데 신상 제막식이 열렸다. 왕은 참석한 모든 이들에게 신상에 절할 것을 명하고, 절하지 않는 사람은 불구덩이에 던져 죽일 것이라고 공포했다. 악기 소리가 울리자 참석자들이 일제히 신상에 절을 했다.

그러나 다니엘의 세 친구는 절을 하지 않았다. 왕은 세 사람을 잡아들여 질책하고 회유했지만, 이들은 조금도 굽히지 않았다. 세 사람은 펄펄 끓는 불구덩이에 던져졌다.

그런데 세 사람은 불구덩이 속에서 타죽지 않고 아무렇지도 않게 걸어 다녔다. 게다가 불구덩이에 던져진 사람은 셋이었는데, 그 속에서 거니는 사람은 넷이었다. 천사가 와서 우상에게 절하지 않고 믿음을 지킨 세 사람을 보호하고 있었던 것이다. 이를 본 왕은 세 사람을 불구덩이에서 건져 올리고 그들이 믿는 신인 하느님을 경배했다. 그리고 그들에게 높은 관직을 주었다.

벽의 글을 해석하는 다니엘

다니엘서 5장

바빌론의 벨사차르 왕이 고관대작 천 명을 불러 큰 잔치를 열었다. 벨사차르 왕은 아버지 네부카드네자르 왕이 예루살렘 성전에서 약탈해온 금잔과 은잔으로 술을 마시며 금이나 나무 등으로 만들어진 신상을 찬양했다. 이때 갑자기 허공에 사람의 손가락이 나타나 벽에다 글자를 썼다. "므네 므네 트켈 파르신"이란 글귀였다. 놀란 왕은 그 글귀를 해석할 사람을 수소문했다.

바빌론의 수많은 술사와 지혜롭다는 자들이 글귀를 해석하겠다고 나섰지만 하나같이 실패했다. 실망에 빠진 왕에게 왕비가 한 사람을 추천했다. 선왕 네부카드네자르가 바빌론에서 가장 지혜로운 자라 칭했던 다니엘을 불러 해석을 맡겨보라는 것이었다. 왕은 부름을 받고 온 다니엘에게 벽에 쓰인 글귀를 해석하면 값진 보물과 바빌론에서 세 번째로 높은 지위를 주겠다고 했다. 다니엘은 왕이 제안한 선물을 거절했지만 글귀는 해석해주었다.

다니엘은 그 글귀가 "왕의 자질이 부족하여 하느님이 왕의 나라를 메디아 사람과 페르시아 사람에게 넘겨주신다는 뜻"이라고 말해주었다. 바로 그날 밤 벨사차르 왕은 시해되고, 바빌론은 메디아 사람인 다리우스에게 넘어갔다.

사자굴에 던져진 다니엘

다니엘서 6장

바빌론을 멸망시킨 다리우스 왕은 세 명의 재상을 두어 왕국을 통치했다. 다니엘은 세 명의 재상 가운데 한 명이었다. 왕은 그 누구보다도 뛰어난 다니엘을 각별히 신임하여 가장 높은 자리에 앉히려 했다. 그러자 모든 고관대작이 다니엘을 시기했다.

그들은 다니엘을 끌어내릴 구실을 찾았으나 아무런 허물을 찾지 못하자 그를 모함할 계략을 세웠다. 그들은 앞으로 30일 동안 왕을 제외하고는 그 어떤 사람도 신에게 무릎을 꿇고 기도를 해서는 안 되며, 이를 어기는 자는 사자굴에 던져질 것이라는 내용의 조서를 왕에게서 받아냈다.

다니엘은 이 사실을 알면서도 하루 세 번 무릎을 꿇고 하느님에게 기도를 올렸다. 다니엘을 시기하는 자들이 왕에게 이를 고발했다. 왕이 어떻게든 다니엘을 살리려고 노력했지만 허사였다. 왕은 어쩔 수 없이 다니엘을 사자굴에 가두면서 신의 가호를 빌어주었다. 밤새 잠을 설친 왕이 새벽같이 사자굴로 가 다니엘의 생사를 확인했다. 놀랍게도 다니엘은 살아있었다. 하느님이 천사를 보내 다니엘을 보호했던 것이다. 왕은 다니엘을 사자굴에서 꺼내고, 다니엘을 모함한 자와 그 가족들을 사자굴에 던져 넣었다. 그리고 다니엘을 구원한 하느님을 경배하라는 조서를 내렸다.

다니엘이 본 네 짐승의 환영

다니엘 7장

어느 날 밤 다니엘이 꿈에서 환영을 보았다. 네 방향에서 큰바람이 바다를 향해 몰아치더니 네 마리의 거대한 짐승이 바닷물 밖으로 모습을 드러냈다. 독수리의 날개를 달고 있는 사자, 입에 갈빗대 세 개를 문 곰, 네 개의 날개와 네 개의 머리가 있는 표범, 쇠로 된 이빨과 열 개의 뿔이 달린 짐승이 그것들이었다.

네 번째 짐승은 다른 짐승들에 비해 그 모양이 매우 무시무시했는데, 열 개의 뿔 사이에서 작은 뿔 하나가 새로 나면서 원래 있던 뿔 세 개가 뿌리째 뽑혔다. 새로 난 작은 뿔에는 사람의 눈과 입이 달려 있었다. 짐승들 가운데에는 하느님이 눈처럼 흰 옷을 입고 불꽃 보좌에 앉아 있었다. 네 번째 짐승이 새로 난 뿔에 달린 입으로 크게 떠들자 하느님이 그 짐승을 죽여 불 속에 던졌다. 이윽고 한 사람이 구름을 타고 내려와 하느님 앞에 인도되어 영원한 권세와 영광을 얻었다.

다니엘은 하느님 옆에 서있는 천사에게 이 기이한 광경이 무엇을 의미하는지를 물었다. 천사는 네 짐승은 네 나라의 네 임금을 의미한다고 말해주었다. 그중 네 번째 나라의 열 왕 이후에 새로 왕이 되는 이가 하느님에게 대적하고 하느님의 백성을 괴롭히지만 결국에는 하느님의 심판을 받아 멸망하고, 거룩한 이가 나타나 영원한 하느님의 나라를 이끌어 가리라는 설명이었다.

G. Doré

바빌론 멸망의 환영을 보는 이사야 이사야서 13장, 21장

유다 왕 우찌야, 요탐, 아하즈, 히즈키야의 시대에 활동한 예언자 이사야는 유다 왕국과 북이스라엘 왕국의 멸망뿐 아니라 주변 왕국들의 흥망에 관한 예언도 했다.

하루는 이사야가 바빌론 왕국이 멸망하는 장면을 환영으로 보았다. 바빌론의 지도자들이 연회를 열어 먹고 마시는 동안 페르시아와 메디아 왕국에서 적병들이 폭풍처럼 몰려왔다. 적병들은 순식간에 바빌론을 둘러쌌고, 도시와 신상들을 모조리 파괴했다. 그 참혹한 광경 앞에서 이사야는 마치 해산하는 여인이 느낄 법한 고통을 느꼈다. 폐허가 된 바빌론의 왕궁과 집터에는 들짐승이 돌아다니고 승냥이 울음소리가 울려 퍼졌다.

레비아탄의 최후

이사야서 27장

레비아탄은 무시무시한 바다괴물로 악을 상징한다. 온몸이 두터운 갑옷 같은 비늘로 뒤덮이고 날카롭고 강한 이빨을 가졌으며 입에서는 불을 내뿜는다. 그 어떤 무기로도 강철 같은 비늘을 뚫을 수가 없는데다 성격이 포악해서 누구도 감히 맞서지 못한다.

이사야는 하느님이 세상을 심판하는 날 레비아탄도 최후를 맞이할 것이라며 이렇게 예언했다. "그날에 주님께서는 날카롭고 크고 세찬 당신의 칼로 도망치는 뱀 레비아탄을, 구불거리는 뱀 레비아탄을 벌하시고 바다 속 용을 죽이시리라."

즈카르야가 본 여덟 가지 환영

즈카르야서 1~6장

즈카르야는 페르시아의 다리우스 대왕이 통치하던 시기에 활동한 예언자다. 그는 여덟 가지 환영을 통해 하느님의 메시지를 받아 이스라엘 민족에게 전했다.

첫 번째 환영은 천사가 붉은 말을 타고 골짜기의 나무 사이에 서 있고 그 뒤로 붉은 말, 검붉은 말, 흰 말이 늘어선 모습이었다. 붉은 말을 탄 천사가 하느님에게 "예루살렘과 유다의 성읍들을 언제까지 저리 두시렵니까?" 하고 물었다. 하느님은 "내가 그들을 불쌍히 여겨 다시 예루살렘에 돌아왔으니 그곳에 내 집이 세워지고 나의 성읍들이 다시 풍족해지리라" 하고 대답했다.

두 번째 환영은 네 개의 뿔과 네 명의 대장장이였다. 네 개의 뿔은 유다와 북이스라엘을 해하여 이스라엘 민족을 흩어지게 한 것인데, 네 대장장이들이 그 뿔들을 제거할 것이라는 의미였다.

세 번째 환영에서는 측량줄을 손에 쥔 천사가 그것으로 예루살렘을 측량할 것이라고 말했다. 곧이어 다른 천사가 오더니, 예루살렘이 사람과 가축으로 넘쳐날 것이며 하느님이 불로 둘러싼 성곽이 되어 예루살렘을 보호할 것이라고 말했다.

네 번째 환영은 천사 앞에서 누더기를 걸친 예수아 대사제와 사탄이 대적하고 있는 장면이었다. 하느님이 사탄을 꾸짖은 후 예수아의 죄를 사해주었다. 그러자 천사들이 예수아에게서 누더기 옷을 벗겨내고 새 예복을 입힌 후 깨끗한 터번을 씌웠다.

다섯 번째 환영은 두 그루의 올리브나무 사이에 순금으로 만든 등잔대가 있고, 그 등잔대 위에 기름 그릇이 있으며, 그 위에 일곱 개의 등잔이 있는 장면이었다. 이는 어려움을 겪고 있는 예루살렘의 성전 건축이 무사히 완료되어 등잔불이 성전을 밝힐 것이란 뜻이었다.

여섯 번째 환영은 커다란 두루마리가 날아다니는 것이었다. 이는 하느님이 두루마리에 적힌 죄목에 따라 사람들을 심판하리라는 의미였다.

일곱 번째 환영은 뒤주 안에 한 여인이 앉아 있는데 천사가 납으로 그 뒤주를 봉인해버리는 장면이었다. 곧이어 두 여인이 오더니 천사가 봉인한 뒤주를 신아르 땅으로 옮겨갔다. 뒤주 안의 여인은 죄악을 상징하며, 납 뚜껑으로 봉인한 악을 신아르 땅에 가두려는 것이라고 천사가 말했다.

마지막 여덟 번째 환영은 두 산 사이에서 네 대의 마차가 달려오는 모습이었다. 첫 번째 마차는 붉은 말이, 두 번째 마차는 검은 말이, 세 번째 마차는 흰 말이, 네 번째 마차는 얼룩말이 이끌고 있었다. 천사는 이들이 온 땅에 두루 다닐 하느님의 전령이라고 했다.

성전의 유물을 꺼내는 키루스

에즈라기 1장

페르시아 왕 키루스는 즉위 첫해에 칙령을 발표했다. "하느님께서 세상 모든 나라를 내게 주시고, 예루살렘에 당신의 집을 짓는 임무를 맡기셨으니, 이스라엘 민족은 예루살렘으로 돌아가서 하느님의 성전을 재건하라"는 내용이었다.

이에 따라 이스라엘 민족의 1차 귀환이 시작됐다. 즈루빠벨과 예수아 등의 지도자들이 이들을 인도했다. 나라를 잃고 흩어져 산 지 70년이 지난 해였다. 이웃들은 귀향하는 이스라엘 사람들에게 성전 재건에 쓰라며 갖가지 보물과 가축 등의 재산을 나누어주었다. 키루스 왕도 과거 바빌론의 네부카드네자르 왕이 예루살렘의 성전을 파괴하고 약탈해간 유물들을 이스라엘 민족에게 되돌려주었다.

성전 재건

에즈라기 3장

예루살렘으로 귀환한 이스라엘인들은 무너진 성전 터에 제단을 쌓고 율법에 따라 제를 올렸다. 그리고 귀향한 지 2년여가 지난 뒤부터 성전을 재건하기 시작했다. 공사의 감독은 레위 지파의 후손이 맡았다.

성전의 기초가 놓이자 예복을 갖춰 입은 사제들이 나팔을 불며 하느님을 찬양했다. 온 백성이 기쁨의 환성을 올렸다. 예전에 솔로몬이 지은 성전을 본 적이 있는 노인들은 감격의 눈물을 흘렸다.

그러나 성전 건축은 얼마 못 가 중단됐다. 사마리아인들의 방해 때문이었다. 일찍이 사마리아가 아시리아 왕국에 점령됐을 때 아시리아 사람들이 예루살렘에 이주하여 정착했다. 그들은 유다 왕국이 멸망했을 때에도 바빌론에 포로로 끌려가지 않고 남아 살면서 새로운 토착 세력을 형성했다. 그런 사마리아인들은 귀환한 이스라엘 사람들이 성전을 재건한다는 소식을 듣고 참여하려 했지만 거절당하자 성전 재건을 방해하고 나섰다. 이렇듯 난관에 부닥친 성전 건축은 캄비세스 왕을 거쳐 다리우스 대왕 때가 되어서야 비로소 끝이 났다.

이스라엘 민족에게 자유를 주는 아르타크세르크세스

에즈라기 7장

페르시아의 아르타크세르크세스 왕은 크세르크세스 왕의 아들로, 친모인 와스티 왕후가 폐위된 뒤 새로 왕후가 된 에스테르의 손에서 자랐다. 아르타크세르크세스 왕은 이스라엘 사람 에즈라를 매우 아꼈다. 에즈라는 사제이자 율법학자였다. 왕은 즉위한 지 7년째 되던 해에 에즈라에게 조서를 내렸다. 페르시아에 남아 있는 모든 이스라엘 민족에게 자유를 주겠으니, 누구든 원하는 자는 예루살렘으로 돌아가도 좋다는 내용이었다.

이로써 에즈라의 인도 아래 이스라엘 민족의 2차 귀환이 이루어졌다. 왕은 궁중 창고를 개방하여 귀향자들에게 예물과 식량을 가져가게 했다. 예루살렘의 성전에서 일하는 사람에게서는 세금을 거두지 않았다.

기도하는 에스라

에스라기 9장

예루살렘으로 귀환한 에스라에게 몇몇 사람들이 찾아왔다. 그들은 사제든 일반 백성이든 신분과 지위 고하를 막론하고 수많은 이스라엘 사람들이 예루살렘에 살고 있는 이민족과 통혼하는 현실을 개탄했다. 이는 이스라엘 민족이 다시 우상을 숭배하며 종교적 타락의 길로 간다는 의미였다.

율법학자로서 모세의 율법에 따라 이스라엘을 재건하려는 지도자 에스라는 이 이야기를 듣고 비탄에 빠졌다. 그는 옷을 찢고 수염을 뜯으며 한참 동안 슬퍼하다가, 참회의 기도를 했다. 에스라는 귀환한 이스라엘 사람들 가운데 이민족과 결혼한 자는 하느님 앞에 자신의 죄를 자백할 것을 명했다. 그리고 이미 이방 여인과 결혼한 자들을 조사하여 그 아내와 자식들을 모두 추방했다.

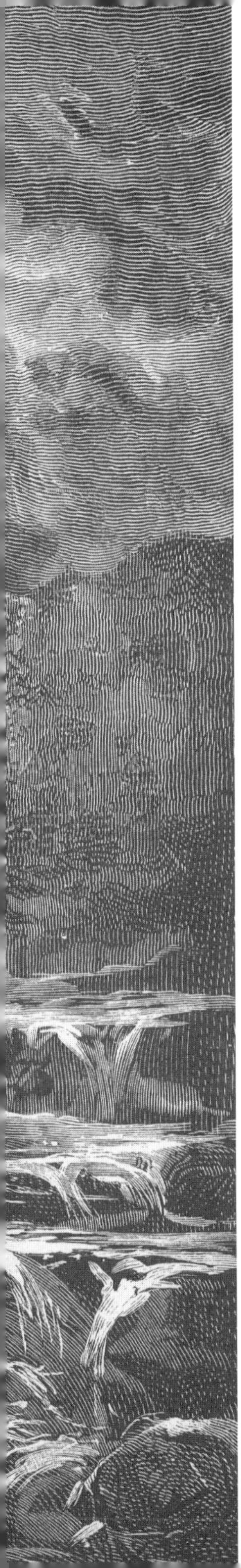

파괴된 예루살렘 성벽을 바라보는 느헤미야

느헤미야기 2장

느헤미야는 아르타크세르크세스 왕이 마시는 술을 담당하는 관료로서 왕의 두터운 신임을 받는 사람이었다. 그가 어느 날 예루살렘에서 온 형제를 만나 그곳의 상황을 물었다. 그 형제는 예루살렘 성문과 성벽은 불에 타고 무너진 채로 방치돼 있으며, 귀환자들의 삶도 곤궁하다고 전했다. 민족이 대거 귀환하여 성전 재건을 끝낸 지 수십 년이 지났음에도 예루살렘이 여전히 황폐하다는 소식을 듣고 느헤미야는 수심에 빠졌다. 이를 안 왕이 느헤미야를 유다의 총독으로 임명하여 예루살렘으로 보내주었다.

예루살렘에 도착한 지 사흘째 되던 날 밤 느헤미야는 심복 몇 명만을 거느리고 몰래 돌아보며 폐허가 된 성벽을 점검하고 복구 계획을 세웠다. 계획이 서자 그는 즉시 예루살렘의 이스라엘인들에게 자신의 계획을 알리고, 성벽 재건 작업을 시작했다. 그리고 주변의 다른 종족들과 사마리아인들의 방해에도 불구하고 52일 만에 성벽 재건 공사를 끝냈다.

백성에게 율법을 읽어주는 에즈라

느헤미야기 8장

예루살렘에 살고 있는 이스라엘 사람들이 성문 앞 광장에 모였다. 그들은 사제이자 율법학자인 에즈라에게 모세의 율법책을 읽어 달라고 청했다. 에즈라가 사람들 앞에 서서 책을 펴들자 모든 사람들이 자리에서 일어났다. 에즈라가 하느님을 찬미하자 모든 사람들이 "아멘, 아멘" 하고 응답하며 무릎을 꿇고 땅에 엎드렸다.

이날 에즈라는 새벽부터 정오까지 모세의 율법책을 읽었고, 에즈라 옆에 선 레위 지파의 후손들이 사람들에게 그 뜻을 풀이해주었다.

시련을 겪는 욥

욥기 1장

우츠라는 곳에 사는 욥은 신앙심이 두텁고 진실하며 악한 일은 거들떠 보지도 않는 사람이었다. 그는 7명의 아들과 3명의 딸을 두고, 아주 풍족한 삶을 살고 있었다.

하루는 천사들이 하느님 앞에 모였는데, 그중에는 사탄도 있었다. 하느님이 욥의 인간됨과 신앙심을 극찬하자 사탄이 반박했다. 그것은 하느님이 욥을 축복하여 그 집안을 번성하게 해주었기 때문일 뿐, 준 것을 빼앗으면 그도 하느님을 원망하리라는 것이었다. 이에 하느님은 사탄에게 욥을 시험해보라고 했다.

얼마 뒤 욥의 가축들이 다른 종족 사람들에게 약탈당하거나 벼락에 맞아 떼죽음을 당하는 일이 벌어졌다. 약탈자들은 욥의 종들도 살해했다. 심지어 욥의 자녀들까지 장남의 집에서 모임을 갖던 중 갑자기 불어닥친 회오리바람에 집이 무너져 모두 깔려죽었다. 그러나 욥은 신을 원망하거나 분노하지 않았다. 오히려 하느님이 주셨으니 하느님이 거두시는 게 당연하다며 하느님을 찬양했다.

욥과 세 친구

욥기 2장

욥이 하루아침에 모든 것을 잃고도 하느님을 원망하지 않자 사탄은 욥의 육신에 시련을 내렸다. 온몸에 부스럼이 나게 한 것이다. 욥은 잿더미 위에 앉아서 질그릇 조각으로 몸을 긁었다. 보다 못한 욥의 아내는 욥에게 차라리 하느님을 욕하고 죽으라고 했다. 그렇지만 욥은 "우리가 하느님께 복을 받았으니 화도 받을 수 있지 않겠소"라며 전혀 동요하지 않았다.

욥의 소식을 듣고 그의 친구 세 명이 찾아왔다. 욥의 모습이 너무나 처참하여 그들은 며칠 동안 아무 말 못하고 통곡만 했다. 며칠 뒤 욥이 입을 열어 자신의 불행을 한탄했다. 이를 시작으로 네 사람은 고통에 대한 긴 토론을 나누었다.

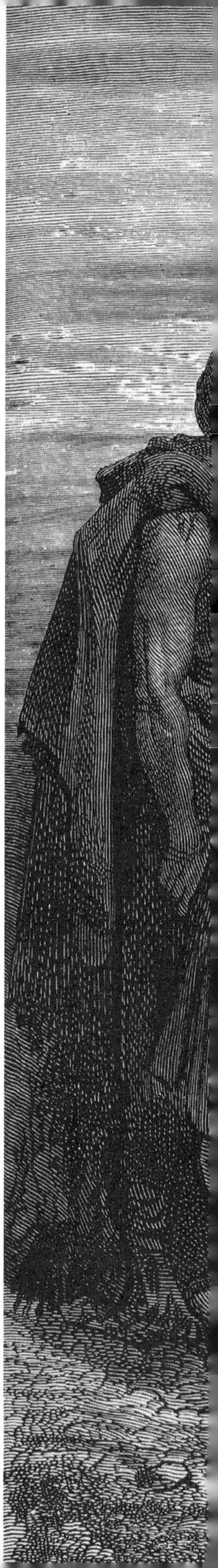

물고기 배에서 나온 요나

요나서 1~2장

요나는 하느님에게서 죄악으로 물든 도시 니네베로 가서 그곳 사람들에게 심판의 날이 왔음을 알리라는 명을 받았다. 하지만 요나는 하느님의 명을 따르지 않고 타르시스로 가는 배를 탔다.

하느님이 이를 알고 풍랑을 일으켰다. 요나가 탄 배는 난파할 위기에 놓였다. 선원들은 각자 자기가 믿는 신을 부르며 기도했지만, 풍랑은 더욱 거세졌다. 요나는 선원들에게 그간의 일을 털어놓으며, 자신을 바다에 던지면 풍랑이 그칠 것이라고 말해주었다. 선원들이 요나를 바다에 던지자 거짓말처럼 바다가 잔잔해졌다.

바다에 던져진 요나는 거대한 물고기에게 잡아먹혔다. 그는 사흘 밤낮을 물고기 배 속에 있으면서 용서를 구하는 기도를 했다. 하느님이 그 기도를 듣고 물고기로 하여금 요나를 뱉어내게 했다.

니네베 사람들에게 하느님의 말씀을 전하는 요나 요나서 3장

물고기 배에서 나온 요나는 하느님의 뜻을 따라 니네베로 갔다. 요나는 니네베의 거리 곳곳을 돌아다니며 외쳤다. "죄악으로 물든 도시 니네베는 하느님의 심판을 받을 것이오! 사십 일 뒤면 니네베는 멸망할 것이오!" 니네베 사람들이 이 소리를 듣고 자신들이 저지른 죄를 뉘우치기 시작했다.

요나의 외침은 니네베 왕에게도 전해졌다. 왕은 니네베 사람들에게 조서를 내렸다. 사람이든 짐승이든 모두가 베옷을 입고 금식하면서 하느님께 용서를 구하는 기도를 올리라는 내용이었다. 모두가 이를 따랐다. 이 모습을 본 하느님이 니네베를 멸망시키려던 뜻을 거두어들였다.

제2편 구약외경

토비야와 천사 라파엘

토빗기 1~10

북이스라엘 출신인 토빗은 아시리아 궁정의 물품을 관리하는 벼슬을 맡아 풍족한 생활을 하고 있었다. 그러던 어느 날 유다 왕국을 침략했다가 대패하고 돌아온 산헤립 왕이 분풀이로 이스라엘 사람들을 닥치는 대로 죽이는 일이 벌어졌다. 토빗은 죽은 동포들의 시체를 묻어주다가 왕의 분노를 사서 모든 것을 잃었다. 그리고 얼마 뒤 두 눈까지 머는 불행을 맞았다.

아내의 날품팔이로 근근이 생활하던 토빗은 풍요롭던 시절에 메디아에 사는 친척 가바엘에게 돈을 맡겨두었던 게 생각났다. 그는 아들 토비야에게 그 돈을 찾아오라고 했다. 그런데 토비야는 메디아로 가는 길을 몰랐기에 길안내를 해줄 사람이 필요했다. 길잡이를 물색하던 토비야는 이스라엘 출신에다 토비야가 가야 할 곳도 잘 아는 한 사내를 만나 함께 길을 떠났다. 납탈리 지파의 아자르야라고 자신을 소개한 그 사내는 사실은 하느님이 보낸 천사 라파엘이었으나 자신의 신분을 숨겼다.

두 사람은 티그리스 강가에서 하룻밤 묵게 됐다. 토비야가 발을 씻으러 강물에 담갔는데 거대한 물고기가 나타나 그의 발을 물려고 했다. 놀란 토비야에게 아자르야가 그 물고기를 꼭 잡으라고 했다. 토비야는 물고기를 잡은 뒤 아자르야가 시키는 대로 쓸개와 염통과 간을 꺼내어 잘 보관했다.

토빗 가족을 떠나는 천사 라파엘

토빗기 10~12장

메디아에 도착한 토비야는 라구엘이라는 친척의 집에 들렀다. 라구엘에게는 사라라는 외동딸이 있었다. 사라는 결혼 첫날 밤에 남편이 죽어나가는 일을 일곱 번이나 겪었는데, 그것은 사라에게 붙어있는 마귀의 짓이었다. 토비야는 아자르야가 가르쳐준 대로 티그리스 강에서 잡은 물고기의 간과 염통을 이용해 마귀를 쫓아내고, 사라를 아내로 맞이했다. 그리고 아버지가 가바엘에게 맡겨둔 돈도 잘 찾아서 귀갓길에 올랐다.

토비야 일행이 긴 여정을 마치고 집에 다다랐을 때 아자르야가 말했다. "티그리스 강에서 잡은 물고기의 쓸개를 당신 아버지의 눈에 발라드리시오. 그러면 아버지가 다시 앞을 보실 수 있게 될 거요." 토비야가 그 말대로 하자 정말로 토빗의 시력이 되돌아왔다.

토비야가 아자르야에게 그동안의 일에 대해 고마움을 표하며 보수를 지불하려 했다. 그러자 아자르야는 토비야와 그 가족들에게 자신의 정체를 밝혔다. 토빗과 토비야는 아자르야가 하느님이 보낸 천사라는 말을 듣고 놀라 땅에 엎드렸다. 천사 라파엘은 자신이 토빗 가족을 도운 것은 하느님의 뜻에 따른 것이었으니 하느님께 감사드리라고 말한 후 하늘로 올라갔다.

홀로페르네스의 목을 자른 유딧

유딧기 1~13장

바빌론의 네부카드네자르 왕은 메디아에 선전포고를 하고 주변 왕국들에 메디아와의 전쟁에 동참할 것을 요구했다. 그러나 주변 왕국들은 모두 네부카드네자르 왕의 요구를 묵살했다. 네부카드네자르 왕은 홀로 메디아와 전쟁을 치러 승리했다.

메디아를 정복한 네부카드네자르 왕은 자신의 요구를 거절한 왕국들을 정벌하기로 하고, 총사령관인 홀로페르네스에게 그 임무를 맡겼다. 홀로페르네스는 많은 군사과 풍부한 물자를 갖추고 정벌에 나섰다. 그는 대항하는 자들을 가차없이 죽이고 모든 재산을 몰수하면서 주변 왕국들을 차례로 점령했다. 아직 공격받지 않은 왕국들도 홀로페르네스의 무자비함을 알고 두려움에 떨며 스스로 찾아가 속국이 되기를 자청했다.

홀로페르네스가 이끄는 군대가 이스라엘로 들어가는 관문인 산악도시 배툴리아에 이르렀다. 배툴리아 시민들은 험준한 지형을 이용해 적군을 막아냈다. 그러자 홀로페르네스는 배툴리아를 포위하고 도시로 들어가는 물줄기를 장악했다. 시간이 흘러 도시의 물이 떨어졌다. 물을 마시지 못한 사람들이 하나둘 쓰러지기 시작하자 배툴리아 시민들은 절망 상태에 빠졌다. 그들은 당장 홀로페르네스에게 투항하여 목숨만이라도 구하자며 울부짖었다.

이때 한 여인이 위기에서 도시를 구하겠다고 나섰다. 그녀의 이름은 유딧인데, 남편을 여읜 지 3년여가 된 과부로 매우 아름다운 여인이었다. 유딧은 베로 짠 과부 옷을 벗고 화려하게 몸을 치장한 후 하녀 한 명을 데리고 홀로페르네스 군대의 진영으로 갔다. 그녀는 적진의 보초병에게 자신이 배툴리아에서 도망쳐 왔으며, 그곳을 정복할 수 있는 길을 알고 있다고 말했다. 보초병은 그녀를 홀로페르네스에게 인도했다.

홀로페르네스는 유딧이 하는 말을 듣고 감탄했다. 그녀는 매우 슬기로웠으며, 차분하고 조리있게 말했다. 홀로페르네스는 무엇보다도 유딧의 아름다움에 반했다. 그는 유딧이 하는 말을 모두 믿고 그녀를 안심시켰으며 극진히 대접했다. 그리고 나흘째 되는 날, 흑심을 품고 단 둘만의 연회를 열었다. 홀로페르네스가 만취하여 깊은 잠에 빠지자 유딧은 침대 기둥에 걸려 있는 그의 칼을 집어 들었다. 그러고는 있는 힘껏 그의 목을 내리쳤다.

홀로페르네스의 머리를 보여주는 유딧

유딧기 13~15장

유딧과 그녀의 하녀는 잘린 홀로페르네스의 머리를 곡식자루에 담아 들고 적진을 빠져나와 배툴리아로 돌아갔다.

유딧이 돌아왔다는 소식을 듣고 배툴리아 사람들이 모두 모였다. 유딧은 그들 앞에 서서 홀로페르네스의 머리를 쳐들고, 하느님이 여자인 자기 손을 빌려 적장을 치셨다고 외쳤다. 홀로페르네스의 머리는 배툴리아 성벽에 전시됐다.

다음날 아침, 홀로페르네스가 목이 없는 시신으로 발견되자 적진은 아수라장이 됐다. 공포에 휩싸인 적군들은 진영을 버리고 뿔뿔이 흩어져 도망가기 시작했다. 전투 준비를 하고 대기하고 있던 배툴리아 장정들이 도망치는 적군들을 뒤쫓았다. 이스라엘 전역에서 지원군이 와서 그들과 합류했다. 이스라엘 군대는 도망치는 적군을 섬멸하고 적진에 남겨진 물품을 노획했다.

바룩

바룩서

바룩은 예언자 예레미야의 제자이자 동료이자 서기관으로, 예레미야의 예언을 받아쓰고 사람들 앞에서 낭독했다. 바룩서는 유다가 멸망한 후에 바룩이 쓴 글이라고 알려져 있다.

바룩서는 지난날 이스라엘 민족이 하느님의 사랑을 받았지만 그 뜻을 거스르고 죄악을 저지른 끝에 노여움을 샀고 그 결과 이방인의 포로로 전락한 역사를 회고한다.

그렇지만 이스라엘 민족이 잘 참고 견디면 다시 구원받을 것이라는 희망의 메시지도 담고 있다. "너희 마음이 하느님을 떠나 방황하였으나 이제는 돌아서서 열 배로 열심히 그분을 찾아야 한다. 그러면 너희에게 재앙을 내리신 그분께서 너희를 구원하시고 너희에게 영원한 기쁨을 안겨주리라."

수산나와 두 노인

다니엘서 13장

바빌론에 요야킴이라는 유다 출신의 부자가 살고 있었다. 그에게는 수산나라는 매우 아름답고 정숙한 아내가 있었다. 요야킴의 집에는 늙은 재판관 두 명이 자주 드나들었다. 그들은 수산나의 눈부신 외모에 반해 음흉한 마음을 품었다.

어느 날 두 노인은 요야킴의 집에 숨어들어 그녀를 욕보일 기회를 엿보았다. 때마침 수산나는 정원에서 목욕을 하려던 참이었다. 하녀들이 기름과 향유를 가지러 수산나의 곁을 떠나자마자 숨어있던 두 노인이 모습을 드러냈다. 두 노인은 지금 자신들을 받아들이지 않으면 그녀가 젊은 남자와 부정한 짓을 저지르기 위해 하녀들을 내보냈다고 거짓 증언을 하겠다고 수산나를 위협했다.

하지만 수산나는 두 노인의 위협에도 아랑곳하지 않고 비명을 지르며 그들을 거부했다. 그러자 두 노인도 수산나를 향해 소리를 지르더니 정원 문을 열어젖혔다. 그 소리를 듣고 하인들이 달려왔다.

누명을 벗은 수산나

다니엘서 13장

다음 날 요야킴의 집에서 사람들이 모인 가운데 수산나에 대한 재판이 열렸다. 앙심을 품은 두 노인은 전날 수산나에게 말한 대로 거짓 증언을 했다. 수산나가 하녀들을 내보내고 한 젊은 남자와 정을 통하는 것을 자신들이 목격했고, 자신들을 보고 젊은 남자는 도망쳤으며, 수산나를 붙잡아서 도망친 자가 누구냐고 추궁했지만 말을 하지 않았다는 것이었다. 사람들은 원로이자 재판관인 두 노인의 말을 의심하지 않았다. 결국 수산나는 사형을 선고받았다.

수산나가 사형장으로 끌려갈 때 군중 속에 있던 다니엘이 외쳤다. "여러분은 어찌하여 심문도 하지 않고 확증도 없이 한 여자를 죽일 수 있습니까?" 이 말은 사람들의 마음을 움직여서 재판을 다시 열게 했다. 새로 열린 재판에서 다니엘은 두 노인을 따로 떼어놓은 뒤 수산나가 젊은 남자와 정을 통한 곳이 어느 나무 아래였느냐고 물었다. 한 노인은 떡갈나무라고 대답했고, 다른 한 노인은 유향나무라고 대답했다. 두 노인이 엇갈린 증언을 함으로써 수산나의 결백이 밝혀졌다. 수산나를 모함한 두 노인은 사형을 당했다.

벨의 사제들을 파멸시킨 다니엘

다니엘서 14장

페르시아 왕 키루스는 다니엘을 무척 아껴 늘 가까이에 두었다. 당시 바빌론 지역에는 벨이라는 우상을 섬기는 풍습이 있었는데, 키루스 왕도 벨을 섬겼다.

하루는 왕이 다니엘에게 왜 벨을 섬기지 않느냐고 물었다. 다니엘이 자신은 인간이 만든 우상이 아니라 살아있는 신인 하느님을 섬긴다고 대답했다. 왕은 매일 밀가루 12말과 양 40마리와 포도주 6섬을 먹고 마시는 벨을 어찌 살아있는 신으로 보지 않느냐고 되물었다. 그러자 다니엘은 진흙과 구리로 만들어진 신상이 어떻게 먹고 마실 수 있겠느냐며 속지 말라고 왕에게 충언했다.

왕이 다니엘의 말을 듣고 심기가 사나워져서 일흔 명이나 되는 벨의 사제들을 모두 불러 놓고 말했다. "매일 신전에 바쳐지는 음식이 벨이 먹는 음식임을 증명하라. 만약 증명하지 못하면 너희는 죽음을 면치 못할 것이다. 그러나 너희가 그것을 증명한다면, 벨을 모독한 죄로 다니엘이 죽을 것이다."

벨의 사제들은 조금도 당황하지 않고 대답했다. "오늘 신전에 음식을 차리게 한 후 신전의 문을 굳게 잠그고 누구도 출입하지 못하게 하십시오. 내일 아침 신전 문을 열었을 때 음식이 그대로 남아있다면 저희가 죽을 것이며, 남아있지 않다면 벨 신이 드신 것이므로 다니엘이 죽을 것입니다."

그날 벨 신전에 많은 음식이 차려진 가운데 신전 문이 굳게 잠겼다. 신전 문이 봉쇄되기 전에 다니엘은 신전 바닥에 재를 뿌려 두었다. 밤이 깊어지자 벨의 사제들이 신전의 제단 아래에 파 둔 비밀통로로 제처자들을 데리고 나타났다. 그들은 밤새 신전에 차려진 음식을 먹고 마셨다.

다음날 왕은 아침 일찍 일어나 다니엘을 데리고 신전으로 갔다. 왕은 차려진 음식이 모두 없어진 것을 보고 벨 신이 먹은 것이라 여겼다. 그러나 신전 바닥의 재 위에 찍힌 무수히 많은 발자국들을 보라는 다니엘의 말을 듣고 모든 실상을 알게 됐다. 진노한 왕은 벨의 사제들과 그 처자들을 모조리 사형에 처하고, 다니엘로 하여금 벨 신전을 부수게 했다.

배교자를 처단하는 마타티아스

마카베오기 상 1~2장

페르시아는 마케도니아 왕 알렉산드로스에 의해 멸망됐다. 알렉산드로스는 수많은 왕국을 정벌하여 거대한 제국을 이루었다. 알렉산드로스가 죽자 그의 밑에 있던 장군들이 제국을 나누어가졌다. 시리아 왕국도 그중 하나였다.

기원전 2세기에 시리아 왕국에서는 셀레우코스 4세가 죽고 그의 동생 에피파네스(안티오코스 4세)가 정권을 잡았다. 안티오코스 4세는 이집트 정벌전쟁을 치르고 돌아오는 길에 이스라엘을 침공했다. 이스라엘을 점령한 안티오코스 4세는 이스라엘 민족의 고유한 문화와 종교를 말살하는 정책을 폈다. 성전에는 그리스 신상이 세워졌고, 사내아이들의 할례가 금지됐으며, 율법서가 불태워졌다. 많은 이스라엘 사람들이 율법을 저버리고 이방의 관습을 받아들였다.

모데인에 사는 사제 마타티아스는 이방의 관습과 종교를 거부했다. 배교를 강요하는 안티오코스 4세의 칙령을 가지고 온 사신의 회유에도 마타티아스는 굴복하지 않았다. 그때 한 이스라엘 배교자가 왕명에 따라 제단에 제물을 바치려 했다. 그것을 보고 화가 치민 마타티아스는 제단으로 뛰어올라가 그 배교자를 쳐 죽였다. 왕의 사신도 죽이고 제단을 헐어 버렸다.

이스라엘 사람들에게 호소하는 마타티아스

마카베오기 상 2장

배교자와 왕의 사신을 죽인 마타티아스는 다섯 명의 아들(요하난, 시몬, 유다, 엘아자르, 요나탄)과 함께 산으로 도망갔다. 떠나는 길에 그는 이스라엘 사람들을 향해 민족의 율법을 지킬 것을 호소했다. 그의 호소에 동조하는 많은 사람들이 가족을 데리고 광야로 떠났다.

왕명을 따르지 않는 이들이 광야에서 무리를 이루어 산다는 보고를 받은 안티오코스 4세의 신하들은 군대를 이끌고 그들을 찾아갔다. 왕의 군대는 무리를 포위하고 안식일을 기다려 공격을 감행했다. 무리는 아무런 저항도 하지 않고 떼죽음을 당했다.

마타티아스와 그 아들들이 이 소식을 듣고 몹시 슬퍼했다. 그들은 이방의 핍박에 무력으로 맞서기로 하고, 적이 공격해올 경우에는 안식일에도 싸우기로 결의했다. 율법을 지키고자 하는 용맹한 이스라엘 사람들이 속속 마타티아스 무리에 합류했다. 그들은 게릴라 군을 조직하여 일대를 돌아다니며 적들을 쳐부수고 이교도의 제단을 파괴했다. 또 할례를 받지 않은 이스라엘 사내아이들을 찾아 강제로 할례를 받게 했다.

이민족의 군대에 맞서 싸우는 이스라엘 저항군 마카베오기 상 4장

마타티아스가 죽은 뒤 그의 아들 유다 마카베오가 항쟁 세력의 새 지도자가 됐다. 그는 가는 곳마다 적군을 크게 무찌르며 핍박당하는 민족을 한데 모았다. 유다의 명성을 전해 들은 안티오코스 4세는 전군에 소집령을 내리고 전쟁자금을 마련하기 위해 페르시아 지역으로 떠났다. 왕은 왕족인 리시아스에게 섭정을 맡기면서, 유다가 이끄는 이스라엘 항쟁 세력을 몰살하고 그들에 대한 기억조차 없애 버리라고 했다.

리시아스는 프톨레마이오스와 고르기아스에게 거대 병력을 주어 왕의 명령을 시행하게 했다. 유다의 군대는 수적인 열세에도 불구하고 이민족의 군대와 맞서 큰 승리를 거두었다. 그들은 거듭된 전투에서 연승을 거두며 수많은 성읍을 되찾고 더럽혀진 성전을 정화했다.

엘아자르의 죽음

마카베오기 상 6장

안티오코스 4세가 죽고 그 아들 에우파토르가 왕위(안티오코스 5세)에 올랐다. 유다는 예루살렘에 남아있는 이민족을 전멸시키기로 하고 그들의 요새를 포위했다. 이 소식을 들은 안티오코스 5세가 직접 군대를 이끌고 유다의 군대를 치러 왔다. 두 군대는 벳즈카르야에서 일전을 벌였다.

왕의 군대는 갑옷과 투구를 갖춘 수십만 명의 군사와 수십 마리의 코끼리로 구성됐다. 각각의 코끼리 등에는 나무탑이 얹혀 있었는데, 그 속에는 코끼리를 모는 사람 1명과 전투병 3명이 들어 있었다. 유다의 동생 엘아자르는 적의 코끼리들 가운데 월등히 크고 중무장을 한 코끼리를 발견했다. 엘아자르는 그 코끼리에 틀림없이 왕이 타고 있을 것이라 생각하고 용맹하게 적진 한가운데로 뛰어들었다. 그는 코끼리 양쪽에 있는 보병을 먼저 벤 후 코끼리 아래로 들어가 배를 찔러 죽였다. 그러나 그는 쓰러지는 코끼리를 피하지 못하고 깔려 죽고 말았다.

다곤 신전을 파괴하는 요나탄

마카베오기 상 10장

셀레우코스 4세의 아들 데메트리오스가 볼모로 잡혀갔던 로마에서 탈출하여 시리아로 돌아왔다. 그는 안티오코스 5세를 죽이고 시리아의 새 왕(데메트리오스 1세)이 된 후 군대를 보내 유다가 이끄는 이스라엘 저항군을 섬멸하게 했다. 이 전투에서 유다가 죽고 그의 동생 요나탄이 항쟁 세력의 새 지도자가 됐다.

얼마 뒤 안티오코스 4세의 아들 알렉산드로스가 나타나 데메트리오스 1세와 왕권 다툼을 벌였다. 알렉산드로스는 이스라엘 저항군을 이끄는 요나탄과 손을 잡고 데메트리오스 1세를 죽이고 왕위를 찬탈했다.

몇 해 뒤 국외로 추방됐던 데메트리오스 1세의 아들(훗날 데메트리오스 2세가 됨)이 용병을 이끌고 시리아로 돌아왔다. 그는 아폴로니우스를 보내 요나탄의 군대와 일전을 벌이게 했다. 아스돗에서 벌어진 전투는 요나탄 군대의 승리로 끝났고, 아폴로니우스의 군대는 자신들의 신인 다곤을 모신 신전으로 도망갔다. 그러자 요나탄은 다곤 신전을 파괴하고 그곳에 숨은 적군을 모조리 불태워 죽였다. 이 소식을 들은 알렉산드로스 왕이 매우 기뻐하며 요나탄에게 값진 보물과 땅을 주었다.

쓰러진 헬리오도로스

마카베오기 하 3장

오니아스가 대사제로 있을 때였다. 예루살렘 성전의 관리책임자인 시몬이 오니아스와 갈등을 빚고 반역을 꾀했다. 시몬은 시리아 왕이 임명한 이스라엘 총독을 찾아가서, 예루살렘 성전 금고에 엄청나게 많은 돈이 있는데 그것은 왕의 소유가 돼야 마땅하다고 말했다. 왕이 이 말을 전해 듣고 헬리오도로스를 보내 성전의 돈을 가져오게 했다.

예루살렘에 도착한 헬리오도로스는 대사제 오니아스를 만나 자신이 온 이유를 설명했다. 대사제는 성전의 돈은 과부와 고아들을 위한 것이고 성전은 신성한 곳이므로 함부로 침범할 수 없다며 그냥 돌아가 달라고 완곡히 청했다. 그러나 헬리오도로스는 뜻을 굽히지 않았다.

헬리오도로스가 호위병들과 함께 성전 금고에 들어갔을 때 하늘에서 황금갑옷을 입은 기사와 두 젊은이가 나타났다. 기사가 탄 말이 앞발로 헬리오도로스를 차고, 두 젊은이가 쓰러진 헬리오도로스를 향해 채찍질을 가했다. 호위병들이 죽어가는 헬리오도로스를 들것에 실어 나와 그를 살려달라고 간청했다. 오니아스 대사제가 헬리오도로스를 회생시켜달라고 기도하며 번제물을 올렸다. 덕분에 헬리오도로스는 목숨을 건졌다.

하늘 군대의 환상

마카베오기 하 5장

안티오코스 4세가 2차 이집트 원정에 나섰을 때다. 어느 날 갑자기 하늘에 금실로 짠 옷을 입고 완전무장을 한 기병대가 무리를 지어 나타났다. 그들은 양쪽으로 나뉘어 서로 전투를 벌였다. 하늘은 그들이 휘두르는 창과 방패로 가득 차고, 그들이 입은 금빛 갑옷으로 번쩍였다. 이 광경은 40일가량 계속됐다.

엘아자르의 순교

마카베오기 하 6장

시리아의 왕 안티오코스 4세는 예루살렘 성전에 제우스 신상을 세우고, 이스라엘 사람들이 안식일과 민족의 축일을 지키지 못하게 하는 등 이스라엘의 생활양식을 그리스식으로 바꾸었다. 이를 거부하는 이스라엘 사람들은 죽임을 당했다.

이스라엘의 명망 있는 율법학자 엘아자르는 율법에서 금하는 음식인 돼지고기를 먹으라고 강요받았다. 엘아자르와 친분 있는 이교도들이 먹는 시늉만이라도 하라고 권유했지만, 그는 거부했다. 그렇게 목숨을 건지기보다는 자신의 위엄과 율법을 지키겠다는 결심에서였다. 그는 결국 태형에 처해졌고, 신음하며 죽어가는 순간에도 하느님을 찬양했다.

한 어머니의 용기

마카베오기 하 7장

안티오코스 4세 왕 앞에 일곱 형제와 그들의 어머니가 끌려왔다. 그들은 돼지고기 먹기를 거부한 죄로 고문을 당했다. 모진 고문 끝에 일곱 형제 가운데 여섯이 목숨을 잃었다. 마지막 남은 아들에게 왕은 민족의 계율을 버리면 살려줄 뿐 아니라 재물과 높은 벼슬까지 주겠다며 회유했다. 그러나 그 아들은 왕의 제안을 받아들이지 않았다.

그러자 왕은 그의 어머니를 불러 아들을 잘 타일러 자기 목숨을 구하게 하라고 말했고, 어머니는 그러겠노라고 했다. 하지만 정작 아들을 만난 어머니는 설득은커녕 두려워하지 말고 당당하게 죽음을 맞이하라고 말했다. 어머니의 말에 용기를 얻은 아들은 소신을 지켰고, 결국 죽임을 당했다. 어머니 또한 아들들의 뒤를 따랐다.

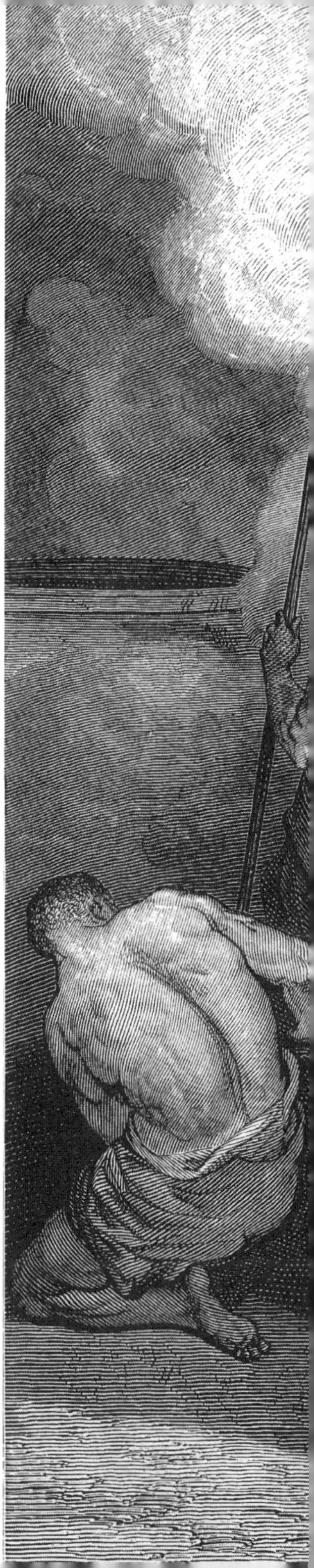

안티오코스 4세의 죽음

마카베오기 하 9장

안티오코스 4세는 전쟁 자금을 모을 겸 페르시아 지역 원정에 나섰으나 일이 잘 풀리지 않았다. 안티오코스 4세는 페르세폴리스에서 신전을 약탈했다가 그곳 사람들의 공분을 샀다. 무력 대응으로 맞서는 시민들에게 쫓겨 퇴각하던 안티오코스 4세는 이스라엘에서도 자신의 군대가 저항군에 패해 흩어졌다는 보고를 받았다. 화가 치민 왕은 예루살렘으로 돌아가서 그곳을 이스라엘인들의 공동묘지로 만들겠다고 큰소리쳤다.

그런데 그 말을 마치자마자 안티오코스 4세의 내장이 뒤틀렸다. 그는 극심한 통증을 느꼈지만 개의치 않고 길을 재촉했다. 그러다 얼마 못 가 수레에서 굴러 떨어져 온몸의 뼈가 으스러졌다. 곧 그의 몸에는 구더기가 들끓기 시작했고, 그의 몸 썩는 냄새로 전군이 구토에 시달렸다. 그는 마침내 자신이 벌을 받고 있음을 깨달았다. 그는 하느님에게 용서를 빌고 예루살렘과 유대인에게 자유를 주겠다고 맹세했지만, 소용없었다. 그는 극도의 고통을 느끼며 이국의 산골짜기에서 생을 마감했다.

이스라엘 저항군을 지원하는 천사

마카베오기 하 11장

에우파토르(안티오코스 5세)의 대리인인 리시아스는 대군을 동원해 이스라엘로 진격했다. 리시아스의 군대가 이스라엘 저항군이 있는 벳추르 요새를 포위하고 맹렬한 공격을 퍼부었다. 저항군 지도자 유다 마카베오는 자신들을 지켜줄 천사를 보내달라고 하느님에게 간절히 기도했다. 기도를 마친 유다는 무장을 하고 자신과 함께 동포를 구하러 가자고 부하들을 독려했다.

이스라엘 저항군이 비장한 각오로 전투에 임하러 출발한 지 얼마 안 됐을 때다. 흰옷을 입고 말을 탄 기사가 황금무기를 휘두르며 나타나서 저항군의 선봉에 섰다. 하느님이 보낸 천사였다. 사기가 올라간 저항군은 리시아스의 군대를 향해 맹렬히 돌진했다. 그리고 순식간에 수천 명의 적군을 쓰러뜨렸다. 살아남은 적군들도 대부분 상처를 입었지만 겨우 도망쳐 목숨은 건졌다.

니카노르의 군대와 대치한 유다 마카베오

마카베오기 하 14장

안티오코스 5세를 축출하고 왕위에 오른 데메트리오스 1세는 장수 니카노르를 예루살렘에 파견하면서 유다 마카베오를 죽이고 그의 군대를 해산시키는 임무를 맡겼다. 그런데 니카노르는 유다와 이스라엘 저항군의 용맹함을 보고 호감을 갖게 되어 그들과 화친을 맺었다. 데메트리오스 1세가 이 사실을 알고 진노했다. 왕은 니카노르에게 당장 임무를 수행하라는 내용의 편지를 써 보냈다. 니카노르는 갈등했지만 왕의 명을 거역할 수 없었다.

니카노르는 갖가지 무기로 무장한 군대를 이끌고 코끼리 부대를 앞세워 진격했다. 유다는 무기 대신 율법서와 예언서에 실린 말씀으로 자신의 군사들을 무장시켰다. 또 지금까지 승리해온 전투들을 상기시켜 그들의 사기를 드높였다. 마침내 두 군대가 벌판에서 맞닥뜨렸을 때 유다는 하늘을 향해 두 손을 쳐들고 승리를 기원했다. 유다의 군대는 수만 명의 적군을 쓰러뜨리고 대승을 거뒀다.

제3편 신 약

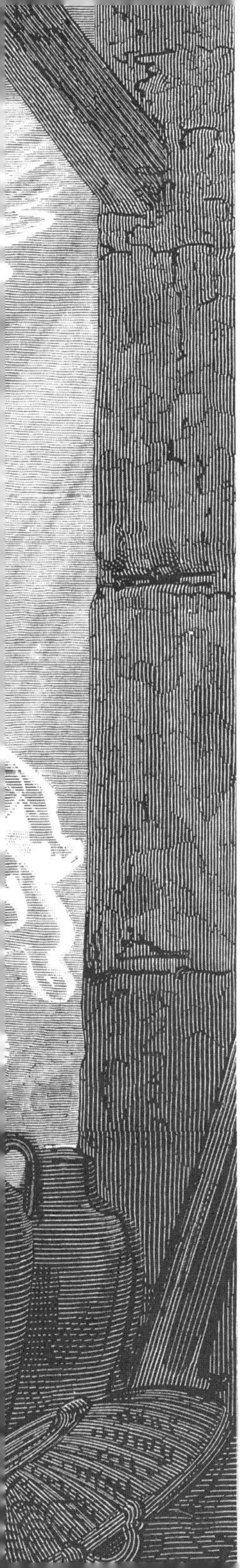

수태를 알림

마태오복음 1장, 루카복음 1장

갈릴래아 지방 나자렛에 사는 마리아라는 처녀가 다윗 가문의 청년 요셉과 약혼했다. 어느 날 천사 가브리엘이 마리아를 찾아갔다. 천사는 마리아가 곧 잉태를 할 것이라 했다. 마리아가 자신은 아직 처녀인데 어떻게 잉태를 할 수 있냐고 물었다. 천사는 성령이 그녀에게 임하여 잉태할 것이므로 두려워하지 말라고 했다.

마리아가 자신과 함께 살기도 전에 임신한 것을 안 요셉은 마리아와 파혼하려 했다. 그날 요셉의 꿈에 천사가 나타났다. 천사는 마리아의 잉태는 성령으로 말미암은 것이니 두려워하지 말고 그녀와 결혼하고, 아이가 태어나면 그 이름을 예수라고 지으라 했다. 잠에서 깬 요셉은 천사의 말대로 마리아를 아내로 맞았다.

예수의 탄생

루카복음 2장

로마 황제 아우구스투스의 호구조사령에 따라 로마와 로마의 지배를 받는 모든 나라의 사람이 호적 등록을 하게 됐다. 요셉도 호적 등록을 하기 위해 마리아와 함께 고향 베들레헴으로 갔다. 이때 마리아는 만삭이었다.

베들레헴에 머무는 동안 마리아가 해산하게 됐다. 묵을 방을 구하지 못한 부부는 마구간에서 아기를 낳았다. 아기가 태어날 때 베들레헴 들판에서 양을 치는 목동들 앞에 천사가 나타났다. 천사는 목동들에게 장차 이스라엘을 구원할 메시아가 탄생했다고 말해주었다.

목동들은 천사가 알려준 곳으로 찾아갔다. 그곳에는 요셉과 마리아, 그리고 말구유에 누운 아기가 있었다. 부부는 아기의 이름을 예수라고 지었다.

동방 박사들의 방문

마태오복음 2장

동방의 박사 세 사람이 메시아의 탄생을 알리는 별을 발견하고, 그 별을 좇아 이스라엘을 방문했다. 예루살렘에 도착한 동방 박사들은 이스라엘의 메시아가 태어난 곳이 어디인지를 수소문했다.

동방에서 온 박사들이 메시아가 태어난 곳을 찾고 있다는 소식이 이스라엘의 헤로데 대왕에게도 전해졌다. 헤로데 대왕은 사제와 율법학자들을 소집하여 동방박사들이 말하는 메시아가 태어난 곳이 어디냐고 물었다. 사제와 율법학자들은 예언서에 기록된 내용을 근거로 베들레헴을 지목했다. 헤로데 대왕은 동방 박사들을 궁으로 불러들여 예루살렘에 오게 된 경위를 캐물었다. 그런 다음 그들을 베들레헴으로 보내면서, 아기를 찾거든 자기에게도 알려달라고 말했다.

동방 박사들이 베들레헴을 향해 길을 나섰을 때, 그들이 동방에서 보았던 별이 다시 나타나서 길을 안내했다. 별은 아기 예수가 있는 곳 위에 이르러 멈추었다. 동방 박사들은 마리아와 함께 있는 아기 예수를 발견하고 엎드려 경배했다. 그리고 준비해온 황금과 유향과 몰약을 예물로 바쳤다.

이집트로 피신하는 요셉의 가족

마태오복음 2장

동방 박사들이 아기 예수를 경배하고 떠난 날 밤에 요셉은 잠을 자다가 꿈을 꾸었다. 요셉의 꿈에 천사가 나타났다. 천사는 헤로데 대왕이 아기를 죽이려고 하니 가족을 데리고 이집트로 피신하여 다시 돌아오라 이를 때까지 숨어 있으라고 말했다. 잠에서 깬 요셉은 곧바로 마리아와 예수를 데리고 이집트로 떠났다.

천사는 동방 박사들의 꿈에도 나타나서 헤로데 대왕에게 돌아가지 말라고 지시했다. 동방 박사들은 천사의 말에 따라 헤로데 대왕에게 들르지 않고 자신들의 고장으로 곧장 돌아갔다.

학살당하는 베들레헴의 사내아이들

마태오복음 2장

헤로데 대왕은 이민족 출신으로서 로마 황제의 지지를 등에 업고 이스라엘의 통치자가 된 인물이었다. 이스라엘 민족에게 끊임없이 자신의 정당성을 의심받던 헤로데 대왕으로서는 이스라엘의 메시아라는 예수의 탄생이 결코 달갑지 않았다. 그는 베들레헴으로 가는 동방 박사들에게 아기를 찾으면 알려달라고 하면서, 자기도 가서 경배 드리기 위해서라고 이유를 댔다. 하지만 그 말은 진심이 아니었다. 사실 헤로데 대왕은 동방 박사들이 아기가 있는 곳을 알려주면 즉시 아기를 죽이려는 속셈이었다.

헤로데 대왕은 동방 박사들이 자기에게 오지 않고 곧장 돌아간 것을 알고 분노했다. 예수가 있는 곳을 정확히 알 수 없게 된 헤로데 대왕은 베들레헴과 그 일대에 사는 두 살 이하의 사내아이들을 모조리 죽였다.

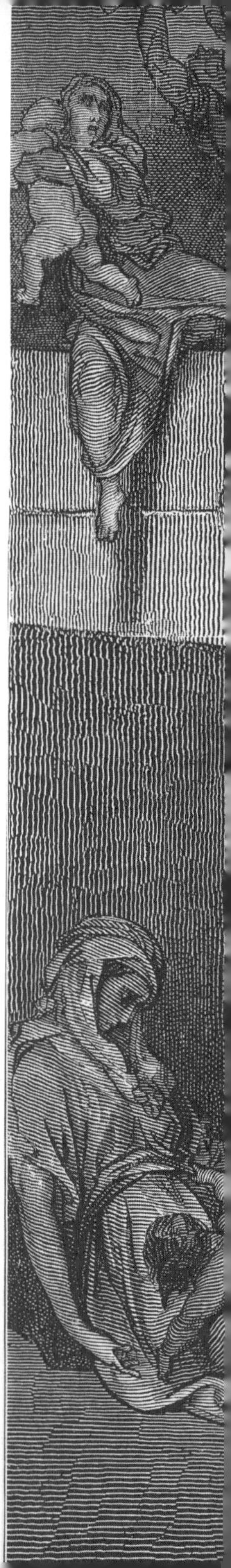

성전에 간 소년 예수

루카복음 2장

헤로데 대왕이 죽은 뒤 요셉은 가족을 데리고 이스라엘로 돌아갔다. 나자렛에 터를 잡은 요셉의 가족은 매년 파스카 축제 기간이 되면 예루살렘에 갔다.

예수가 열두 살 되던 해의 일이다. 요셉의 가족이 예루살렘에서 파스카 축제를 지내고 나자렛으로 돌아가는 길이었다. 갑자기 예수가 사라졌다. 요셉과 마리아는 사흘을 찾아 헤맨 끝에 예루살렘 성전에서 예수를 발견했다. 예수는 율법학자들 가운데 앉아 그들의 말을 듣거나 질문을 하고 있었다.

애타게 찾아 헤맸노라며 자신을 꾸짖는 부모에게 예수는 이렇게 말했다. "왜 저를 찾으셨습니까? 제가 제 아버지 집에 있어야 하는 줄을 모르셨습니까?" 그러나 그때 요셉과 마리아는 예수가 한 말의 의미를 몰랐다.

광야에서 설교하는 세례자 요한

마르코복음 1장, 마태오복음 3장

사제 즈카르야의 아내 엘리사벳은 늙은 데다가 선천적으로 아이를 갖지 못하는 여인이었다. 하지만 그녀는 마리아보다 여섯 달 먼저 성령으로 잉태하여 아들을 낳았다. 엘리사벳이 낳은 아이의 이름은 요한이었다.

성인이 된 요한은 어느 날 하느님의 부름을 받고 요르단 강 주변의 광야를 돌아다니며 설교를 하고 세례를 베풀었다. 그는 낙타털로 만든 옷과 가죽띠를 두르고 메뚜기와 들꿀을 먹고 살았다.

요한이 사람들에게 외쳤다. "회개하라! 하느님의 나라가 가까이 왔느니라!" 수많은 사람들이 그를 찾아가서 죄를 고백하고 세례를 받았다.

세례를 받는 예수

마태오복음 3장

예수가 세례를 받으려고 요르단 강가로 요한을 찾아갔다. 요한은 첫눈에 예수를 알아봤다. 그는 오히려 자신이 예수에게 세례를 받아야 한다며 사양했지만, 결국에는 예수의 뜻을 받아들였다.

예수가 세례를 받고 물 밖으로 나올 때 하늘에서 성령이 비둘기 모양을 하고 내려왔다. 그리고 하느님의 목소리가 들려왔다. "이 사람은 내가 사랑하는 아들, 내가 매우 흡족해 하는 아들이다."

예수를 시험하는 악마

마태오복음 4장

세례를 받은 예수는 광야로 가서 40일 동안 단식했다. 몹시 허기진 예수에게 악마가 찾아왔다. 악마는 돌로 빵을 만들어 먹으라며 예수를 유혹했다. 그러나 예수는 "사람은 빵으로만 사는 것이 아니다"라며 악마의 유혹을 뿌리쳤다.

그러자 악마는 예수를 예루살렘으로 데려가서 성전 꼭대기에 세워놓은 뒤 뛰어내려보라고 말했다. 하느님이 천사를 보내어 구해주는지 한번 보겠다는 것이었다. 이에 예수는 "하느님을 시험하지 말라"고 응수했다.

악마는 다시 예수를 세상이 한눈에 내려다보이는 높은 산으로 데려갔다. 그러고는 자기에게 엎드려 절하면 눈앞에 보이는 모든 것을 주겠다고 말했다. 예수는 "오직 하느님만을 경배하고 섬기라"라는 성경구절을 읊으면서 악마에게 "썩 물러가라"고 외쳤다.

카나의 혼인 잔치

요한복음 2장

카나에서 혼인 잔치가 열렸다. 수많은 사람들이 참석한 성대한 잔치였다. 예수와 그의 어머니 마리아, 그리고 예수의 제자들도 그 잔치에 초대되어 갔다.

잔치 도중에 포도주가 떨어졌다. 마리아가 그 사실을 예수에게 알리고, 일하는 사람들을 불러 무엇이든 예수가 시키는 대로 하라고 일렀다. 잠시 후 예수가 일꾼들에게 빈 항아리에 물을 가득 채우라고 말했다. 일꾼들이 항아리에 물을 채우자 이번에는 잔치를 총괄하는 책임자에게 그것을 갖다 주게 했다. 그러자 놀라운 일이 벌어졌다. 일꾼들이 책임자에게 갖다 준 물이 포도주로 변했다.

예수와 사마리아 여인

요한복음 4장

예수가 제자들과 함께 예루살렘에서 갈릴래아 지방으로 갈 때의 일이다. 일행은 사마리아 지방을 거쳐서 가기로 했다. 당시 이스라엘 길손이 사마리아를 거쳐 가는 것은 그리 흔한 일이 아니었다.

일찍이 북이스라엘의 수도 사마리아를 점령한 아시리아는 그곳에 자국 백성들을 대거 이주시켰다. 이주민들은 그 뒤로 계속 사마리아에 살면서 그곳 사람들과 뒤섞여 새로운 토착세력을 형성했다. 이런 이유로 사마리아인은 이스라엘 민족의 순수성을 잃은 부정한 이들로 여겨졌다. 이러한 생각은 포로로 끌려갔던 이스라엘 민족이 귀환한 뒤에도 계속 이어져서 귀환한 사람들과 사마리아 사람들은 서로 반목하는 사이가 됐다. 때문에 대부분의 이스라엘 사람들은 남쪽 지방과 북쪽 지방을 오갈 때 중간에 있는 사마리아를 가로질러 가지 않고, 시간이 배가 걸리더라도 빙 돌아가는 길을 택했다. 그런데 예수와 제자들은 여정을 단축하기 위해 사마리아를 거쳐 가기로 했던 것이다.

사마리아의 한 마을에 이르렀을 때 일행은 우물가에서 잠시 쉬어가기로 했다. 목이 말랐던 예수는 때마침 물을 길러 온 여인에게 물 한 모금을 청했다.

그러자 여인이 예수에게 물었다. “유다 사람이 어찌하여 사마리아 여자에게 물을 달라고 하십니까?” 예수가 여인에게 대답했다. “내가 누구인지 알았다면 그대가 먼저 내게 물을 달라고 청했을 것이오."

여인이 다시 물었다. "두레박도 없으면서 어떻게 이 깊은 우물에서 물을 퍼 올릴 수 있다고 말하십니까?" 예수가 말했다. "이 우물물을 마시는 사람은 시간이 지나면 다시 목이 마르겠지만, 내가 주는 물을 마시는 사람은 영원히 목마르지 않을 것이오." 그러자 여인이 예수에게 청했다. "그 물을 제게 주세요. 그래서 제가 목마르지 않고, 물을 길러 다니지 않아도 되게 해주세요."

예수가 갑자기 화제를 바꾸어 여인에게 남편을 데려오라고 했다. 여인이 "저는 남편이 없습니다"라고 하자 예수는 "지금 함께 사는 남자도 남편이 아니니 당신의 말이 맞소"라고 대답했다. 다섯 번이나 결혼한 여인의 복잡한 사생활을 알아맞힌 것이다. 여인은 깜짝 놀라며 예수를 예언자로 여기게 됐다. 그때부터 둘 사이의 대화는 예배에 관한 것으로 이어졌고, 대화 끝에 예수는 자신이 메시아임을 여인에게 밝혔다.

예수가 메시아임을 알게 된 여인은 물동이를 버려둔 채 마을로 달려갔다. 그녀는 사람들을 붙잡고 메시아가 오셨다며 자신이 겪은 일을 이야기해주었다. 여인의 말을 듣고 많은 사람들이 우물가로 예수를 찾아갔다. 그들은 예수의 말을 듣고 믿었다. 예수는 이틀 동안 사마리아에 머물다가 다시 길을 떠났다.

예수를 무시하는 나자렛 사람들

마태오복음 13장

예수가 고향 나자렛의 회당에서 사람들을 모아놓고 강론을 펼쳤다. 나자렛 사람들이 그 모습을 보고 놀라워하며 수군거렸다. "아니, 저 사람은 요셉과 마리아의 아들이잖아? 한낱 목수의 아들이 어떻게 저런 지혜와 능력을 갖게 됐지?"

나자렛 사람들은 예수가 하는 말보다 예수의 신분에 더 관심을 가졌다. 그들이 예수를 탐탁찮게 여기며 믿지 않았으므로 예수도 그들 앞에서는 기적을 베풀지 않았다.

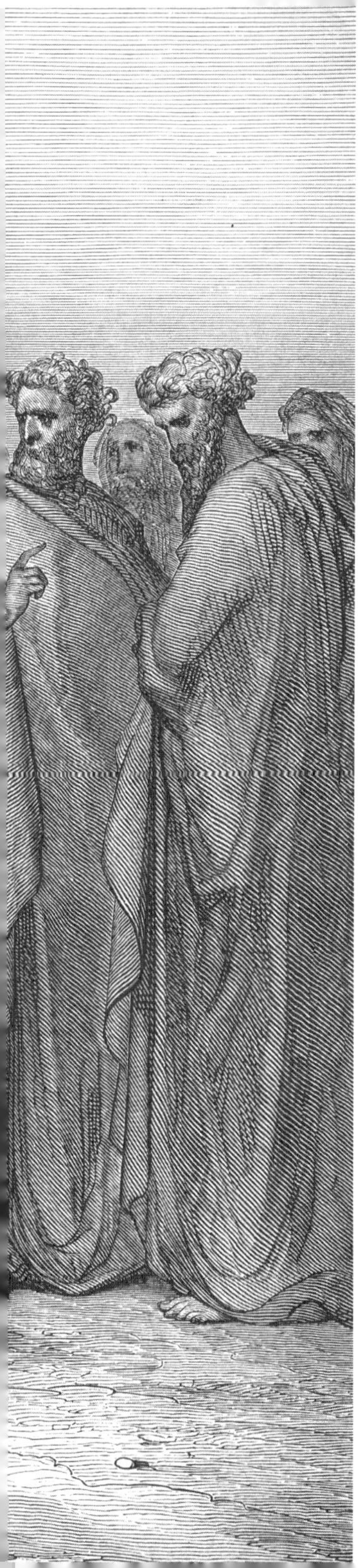

귀신 들린 사람을 고치는 예수

루카복음 4장

예수가 갈릴래아 지방의 카파르나움에서 사람들을 모아 놓고 가르칠 때였다. 사람들은 예수의 가르침에 놀라워하며 조용히 귀를 기울이고 있었다. 그런데 갑자기 군중 속에서 한 사람이 소란을 피웠다. 그는 예수를 향해 "왜 이곳에 왔소? 우리를 멸망시키러 왔소?"라며 고래고래 악을 썼다.

그 사람은 귀신 들린 것으로 널리 알려진 사람이었다. 예수가 그를 바라보며 "입 다물고 그 사람에게서 썩 나가라"고 외쳤다. 그러자 귀신이 사라지고 그 사람은 바닥에 쓰러졌다. 사람들은 귀신도 쫓아내는 예수의 권능에 다시 한 번 놀랐고, 이 소문은 주변 곳곳으로 퍼져나갔다.

어부들을 제자로 맞아들이는 예수

루카복음 5장

겐네사렛 호숫가에서 사람들을 가르치던 예수는 호숫가에 대어 놓은 배 두 척을 발견했다. 예수는 가르침을 잠시 중단하고 그중 한 배에 올라탔다. 시몬 베드로의 배였다. 베드로는 밤새 호수에서 고기잡이를 했지만 허탕만 치고 돌아와서 그물을 정리하던 참이었다. 예수는 베드로에게 배를 뭍에서 살짝 떼어놓아 달라고 부탁한 다음, 그 위에서 가르침을 이어갔다.

잠시 후 설교를 끝낸 예수는 베드로에게 깊은 곳으로 배를 저어 가서 그물을 내리라고 일렀다. 베드로가 예수의 말을 따랐다. 그랬더니 그물이 찢어질 만큼 많은 물고기가 잡혔다. 그 양이 어찌나 많은지 베드로 혼자서는 그물을 끌어올릴 수가 없었다. 베드로는 다른 배에 있던 친구들에게 도움을 청하여 함께 물고기를 건져 올렸다.

놀라워 하는 어부들에게 예수가 말했다. "나를 따라 오너라. 이제 너희는 사람을 낚는 어부가 될 것이다." 그들은 모든 것을 버리고 예수를 따랐다.

산 위에서의 가르침

마태오복음 5~7장

예수가 복음을 전파하며 병자를 고치는 등의 기적을 행한다는 소문이 갈릴래아 지방에 널리 퍼졌다. 소문을 듣고 수많은 사람들이 예수를 찾아왔다. 예수는 그들을 데리고 산으로 올라가서 이웃사랑, 화해, 자선, 극기, 정직, 비폭력, 원수사랑 등의 덕목에 대해 가르쳤다.

그날 예수는 여덟 부류의 사람들을 축복하면서 천국이 그들의 것이라고 했다. 여덟 부류란 마음이 가난한 사람, 슬퍼하는 사람, 온순한 사람, 의를 갈망하는 사람, 자비로운 사람, 마음이 깨끗한 사람, 평화를 이루는 사람, 의로움 때문에 박해받는 사람이다.

이러한 예수의 가르침은 구약이나 그리스로마 철학 등 신약 이전 시대의 서양의 도덕률과 매우 다르며, 바로 이것이 그리스도교 정신의 정수라고 필자는 생각한다.

안식일에 이삭을 따먹는 제자들

마르코복음 2장

안식일에 예수가 제자들과 함께 밀밭을 지나갔다. 배가 고팠던 제자들은 지나가면서 밀 이삭을 잘라 먹었다. 그 모습을 본 바리사이파 사람들이 예수에게 따져 물었다. "당신 제자들은 왜 안식일에 해서는 안 되는 일을 합니까?" 바리사이파는 어떠한 상황에서도 율법을 지켜야 한다고 생각하는 융통성 없는 유대교 종파였다. 그들은 규율에 집착하며 자신들만이 의롭고 경건하다고 자만했다. 그런 그들의 눈에 예수의 제자들이 하는 행위는 '안식일에는 수확을 해서는 안 된다'는 율법을 어기는 불경한 짓이었던 것이다.

예수는 바라사이파 사람들에게 다윗이 굶주린 일행을 데리고 성전에 들어가서 사제 말고는 먹을 수 없는 음식을 나눠먹은 일화를 예로 들며 이렇게 말했다. "안식일이 사람을 위해 있는 것이지, 사람이 안식일을 위해 있는 것이 아니오."

또 다른 안식일에 예수는 회당에 갔다가 그곳에서 한쪽 손이 오그라든 사람을 만났다. 그곳에 있던 바리사이파 사람들은 예수가 병자를 고치는지를 유심히 지켜봤다. 예수가 병자를 고치면 안식일을 범한 죄로 고소하려 했던 것이다. 예수가 그 마음을 알고 무리를 둘러보며 "안식일에 좋은 일을 하는 것과 나쁜 일을 하는 것, 사람을 죽이는 것과 살리는 것 중 어떤 게 옳소이까?"라고 물은 뒤 병자의 손을 고쳐주었다.

회개하는 마리아 막달레나

루카복음 7장

예수가 어떤 바리사이파 사람의 집에 초대되어 갔다. 그 소식을 들은 한 여자가 향유를 가지고 예수를 찾아왔다. 그녀는 행실이 나쁘기로 소문이 자자한 여자였다. 여자는 예수의 앞에서 눈물을 흘렸다. 여자의 눈물이 예수의 발을 적셨다. 그렇게 한참을 운 여자는 눈물을 그치고 자신의 머리카락으로 예수의 발을 닦았다. 그리고 예수의 발에 입을 맞추며 가지고 온 향유를 부었다.

그 모습을 지켜본 바리사이파 사람이 속으로 '예수가 진짜 메시아라면 저 여자가 어떤 여자인지 알았을 텐데'라고 생각했다. 예수가 그 마음을 읽고 말했다. "내가 당신의 집에 왔을 때 당신은 나에게 발 씻을 물을 주지 않았소. 당신은 내 볼에 입을 맞추지도 않았고, 내 머리에 기름을 부어주지도 않았소. 그러나 이 여자는 눈물로 내 발을 닦고 입을 맞춘 뒤 값비싼 향유를 부어주었소. 이 얼마나 극진한 사랑이오. 이제 이 여자는 자신이 보여준 사랑만큼 많은 죄를 용서받았소."

후세에 많은 화가들이 마리아 막달레나를 회개한 죄인의 상징으로 그렸다. 그녀를 그린 그림에 흔히 같이 그려진 해골과 채찍은 현세의 허무함, 현세에서 지은 죄에 대한 회개와 보속 등을 의미한다.

벙어리를 고치는 예수

마태오복음 12장

사람들이 마귀에 들려 눈이 멀고 벙어리가 된 사람을 예수에게 데려갔다. 예수가 그의 눈과 입을 고쳐주자, 그것을 지켜본 군중이 놀라워하며 수군거렸다. “저분이 혹시 그 다윗의 자손이라는 메시아이신가?”

그 소리를 듣고 바리사이파 사람들이 말했다. “마귀의 힘을 빌리지 않고서는 마귀를 쫓아내지 못한다.” 그들은 자신들의 경건함을 위선이라고 비판하는 예수를 메시아로 인정하고 싶지 않았던 것이다.

그런 바라사이파 사람들에게 예수는 “집안이든 동네든 나라든 서로 갈라져 싸우면 망합니다. 마귀가 마귀를 내쫓았다면 서로 갈라섰다는 것인데, 그러면 사탄의 나라가 망했다는 말이오?”라고 일침을 가했다.

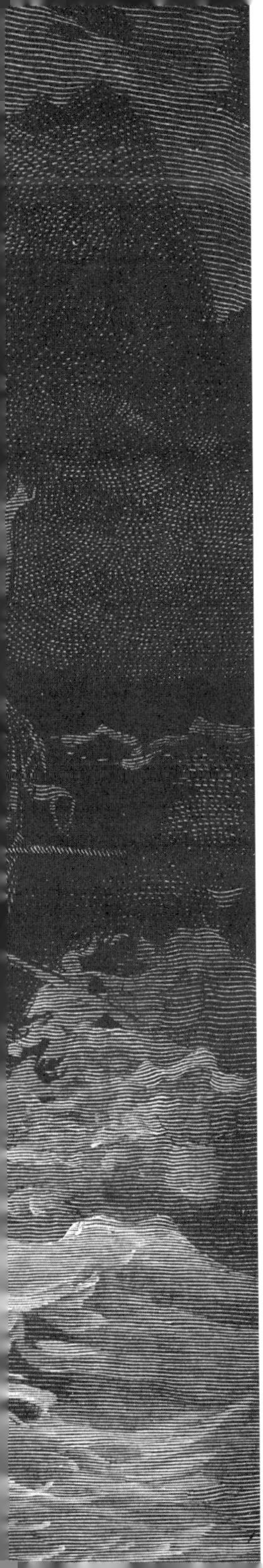

폭풍을 잠재우는 예수

마르코복음 4장

갈릴래아 호숫가에 배를 띄우고 설교하던 예수가 날이 저물자 설교를 마치고 제자들과 함께 호수 건너편에 있는 거처로 돌아갈 때의 일이다.

온종일 설교하느라 피곤했던 예수는 뱃머리에 기대 잠시 눈을 붙이고, 제자들이 노를 저어 호수를 건너고 있었다. 갑자기 배가 뒤집힐 정도로 거센 돌풍이 불어 닥쳤다. 두려움에 빠진 제자들이 예수를 흔들어 깨웠다. 그들은 "우리가 다 물에 빠져 죽게 생겼는데 어찌 이리 태평스럽게 주무실 수가 있습니까"라며 예수를 원망했다.

잠을 깬 예수가 자리에서 일어나 호수를 향해 외쳤다. "잠잠해져라!" 그러자 바람이 그치고 호수가 잔잔해졌다. 예수는 "무엇이 그리 두려우냐, 아직도 믿음이 없는 것이냐"라며 제자들을 나무랐다.

야이로의 딸을 살리는 예수

마르코복음 5장

예수가 갈릴래아 호숫가에 배를 대자 그의 설교를 들으러 많은 사람들이 모여들었다. 그때 군중 속에서 야이로라는 사람이 달려 나오더니 예수의 발밑에 엎드려 자기 집에 함께 가 달라고 간절히 청했다. 그는 다 죽어가는 어린 딸의 병을 고쳐달라고 애원했다. 예수가 야이로의 청을 받아들여 길을 나서자 군중도 그 뒤를 따랐다.

예수가 야이로의 집에 채 도착하기도 전에 야이로의 집에서 사람들이 뛰어오더니 그 딸의 죽음을 알렸다. 예수는 그 말에 아랑곳하지 않고 야이로에게 "두려워하지 말고 믿기만 하라"고 말한 뒤 세 명의 제자(베드로, 야고보, 요한)만을 데리고 야이로의 집으로 갔다.

야이로의 집은 울음소리로 가득 차 있었다. 온 집안사람들이 통곡하며 아이의 죽음을 슬퍼했다. 예수가 그들을 향해 "아이는 죽은 게 아니라 잠든 것이니 슬퍼하지 마라"고 말했다. 그들은 예수를 비웃었다.

예수는 함께 온 제자 셋과 아이의 부모만을 데리고 아이가 있는 방으로 들어갔다. 예수가 누워있는 아이의 손을 잡고 말했다. "아이야, 일어나거라." 그러자 아이가 자리에서 일어나 걸었다.

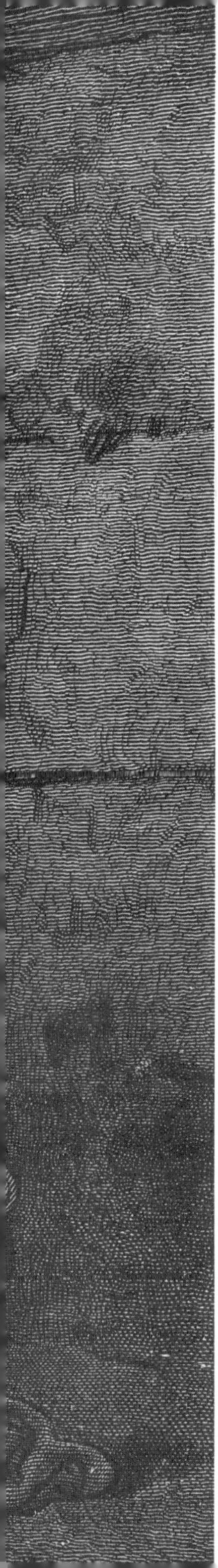

마르타와 마리아

루카복음 10장

예수가 제자들과 함께 길을 가고 있는데, 마르타라는 여자가 와서 예수 일행을 자기 집으로 모셔갔다. 마르타는 예수를 잘 대접하기 위해 집을 치우고 음식을 준비하고 시중을 들며 동분서주했다. 마르타 홀로 정신없이 일하는 동안 마르타의 여동생 마리아는 예수의 발치에 앉아 예수의 말을 듣고 있었다. 그 모습을 본 마르타는 짜증이 나서 예수에게 투덜거렸다. "주님, 저는 이리 바쁜데 마리아를 아무것도 안 하고 가만 있게 놔두실 겁니까? 마리아한테 저를 좀 도우라고 말씀해주세요."

하지만 예수는 야속하게도 이렇게 말했다. "마르타야, 너는 너무 많은 일에 신경을 쓰느라 분주하고 예민해져 있구나. 그런데 말이다, 정작 중요한 것은 몇 안 되거나 한 가지면 족하단다. 마리아는 바로 그 중요한 것을 하고 있는 것이니, 그것을 포기하지 않을 것이다."

세례자 요한의 머리를 받는 살로메

마태오복음 14장

분봉왕 헤로데(헤로데 대왕의 아들인 헤로데 안티파스)가 이복형제 필리포스의 아내 헤로디아와 결혼하자, 세례자 요한은 그 결혼의 부도덕성에 대해 신랄하게 비판했다. 헤로데 왕과 헤로디아는 그런 요한을 눈엣가시로 여겨 잡아 가뒀으나, 그를 예언자로 여기며 존경하는 백성들의 눈이 두려워 차마 죽이지는 못했다.

그러던 중 헤로데 왕이 생일을 맞아 연회를 열었다. 연회에서 헤로디아가 데려온 딸 살로메가 춤을 추어 흥을 돋우었다. 기분이 좋아진 헤로데 왕은 살로메에게 원하는 것을 말하면 무엇이든 다 들어주겠다고 했다. 그러자 살로메는 세례자 요한의 머리를 달라고 요구했다. 어머니 헤로디아가 그렇게 하라고 시켰던 것이다.

헤로데 왕은 약속을 지키기 위해 요한의 목을 베어 살로메에게 주었고, 살로메는 그것을 다시 어머니에게 주었다. 요한의 나머지 시신은 그의 제자들이 거두어갔다.

설교하는 예수

루카복음 12장

예수의 명성이 날로 높아져서, 서로 밟힐 정도로 많은 군중이 예수의 설교를 듣기 위해 모여들었다.

그들을 향해 예수는 남에게 보이기 위한 믿음의 행위가 아닌 마음에서 우러난 믿음의 행위를 하고, 하느님을 모독하지 말고, 탐욕하지 말고, 물질적인 걱정은 버리고 오직 하느님만을 믿고 의지하고, 자선을 베풀고, 늘 깨어있고, 무엇이 옳은지를 판단하고, 늦기 전에 화해하라고 말했다.

그 무렵의 어느 날 예수는 홀로 산에 올라 밤이 새도록 기도했다. 날이 새자 예수는 산에서 내려와 자신을 따르는 수많은 제자들 중 열두 명을 뽑았다. 예수는 그들을 사도라 부르고, 마귀를 쫓아내고 병자를 고치는 능력을 그들에게 주었다.

예수가 뽑은 열두 사도의 이름은 베드로, 요한, 야고보, 안드레아, 필립보, 토마스, 바르톨로메오, 마태오, 알패오의 아들 야고보, 시몬, 야고보의 아들 유다, 이스가리옷 유다였다.

물 위를 걷는 예수

마르코복음 6장, 마태오복음 14장

예수가 여러 기적을 행하는 것을 보고 군중은 술렁였다. 그들은 예수를 자신들의 왕으로 삼고자 했다. 이를 안 예수가 서둘러 군중을 돌려보내고 제자들에게도 먼저 호수 건너편 숙소로 가라고 한 뒤 홀로 기도하러 산에 올랐다.

제자들이 노를 저어 호수를 건너고 있는데 폭풍이 몰아쳤다. 제자들은 밤새 거센 바람과 사투를 벌였다. 새벽 무렵 예수가 물 위를 걸어 제자들이 탄 배로 다가갔다. 하지만 제자들은 예수를 알아보지 못했다. 그들은 배로 다가오는 검은 물체가 유령이라 생각하고 겁에 질려 소리쳤다. 예수가 "나다. 두려워하지 마라"라고 말하니, 그제야 제자들이 예수를 알아봤다. 예수가 제자들이 탄 배에 오르자 거세게 불던 바람도 잠잠해졌다.

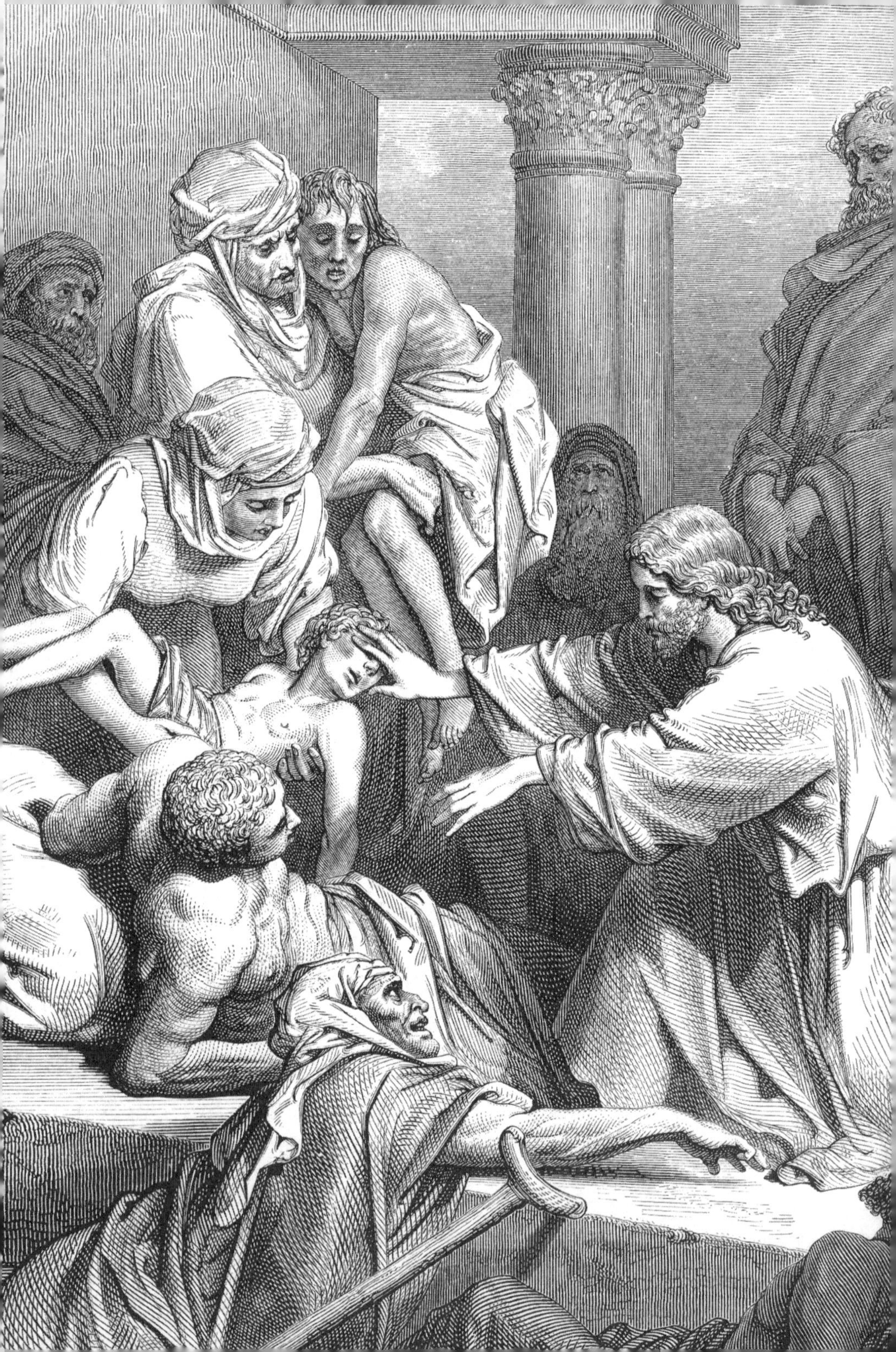

병자들을 고치는 예수

마태오복음 15장

예루살렘에서 바리사이파 사람과 율법학자들이 예수를 찾아와 왜 조상의 전통을 지키지 않느냐고 따져 물었다. 예수는 그들과 논쟁을 벌인 후에 이방 땅인 티로와 시돈으로 갔다. 예수는 그곳에서 한 여인의 마귀 들린 딸을 고쳐주었다.

예수는 티로와 시돈을 떠나 또 다른 이방 도시들을 거쳐서 갈릴래아 호숫가로 돌아갔다. 한 무리의 사람들이 절름발이, 소경, 곰배팔이, 벙어리 등 몸이 불편한 사람 여러 명을 예수의 발치에 데려다 놓았다. 예수는 그들을 모두 고쳐주었다. 절름발이가 바로 걷고, 소경이 앞을 보고, 벙어리가 말을 하는 것을 본 군중은 놀라워하며 하느님을 찬양했다.

수천 명을 먹이는 예수

마르코복음 8장

예수를 찾아 온 사람들은 며칠씩 머무르며 예수의 설교를 듣고 예수가 행하는 기적을 체험했다. 그때마다 예수는 그들이 허기지지 않도록 먹을거리를 챙겨주었다.

한번은 수천 명의 군중이 모인 가운데 며칠 동안 예수의 가르침이 이어졌는데, 사흘째 되는 날 그들을 먹일 양식이 떨어졌다. 너무 많은 사람이 모이는 바람에 준비한 양식이 이틀 만에 동이 났던 것이다. 남은 것은 빵 일곱 개와 물고기 두 마리가 전부였다.

예수는 남은 빵과 물고기를 손에 들고 기도를 올린 다음, 제자들로 하여금 그것을 사람들에게 나누어주게 했다. 이날 제자들이 나누어준 양식은 모두가 배불리 먹고도 일곱 바구니나 남았다.

거룩한 모습으로 변신하는 예수

마태오복음 17장

예수가 제자들에게 "사람들이 나를 누구라고 하느냐"고 물었다. "어떤 이는 세례자 요한이라 하고, 또 어떤 이는 엘리야라 하고, 예언자 가운데 하나라고 하는 이도 있습니다"라고 제자들이 말했다. 그러자 예수가 "너희는 내가 누구라 생각하느냐" 하고 물었다. 베드로가 "살아계신 하느님의 아들, 그리스도이십니다"라고 말했다. 예수는 이 말을 듣고 흡족했다. 그리고 앞으로 예루살렘에서 자신이 이스라엘의 지도층에게 핍박을 받고 죽임을 당하고 사흘 만에 되살아날 것임을 얘기해주었다.

엿새 뒤에 예수는 세 제자, 베드로와 야고보와 요한만을 데리고 산에 올라갔다. 산에 오르자 예수의 옷이 눈부신 백색으로 빛나는가 싶더니 그 모습이 거룩하게 변화했다. 이윽고 엘리야와 모세가 나타나서 예수와 대화를 나누었다. 제자들이 그 모습을 보고 놀라움과 황홀경에 빠졌다. 그때 큰 구름이 일어 그들을 덮더니 구름 속에서 말소리가 들려왔다. "예수는 내 사랑하는 아들이니, 너희는 그의 말을 잘 들어라."

간질을 앓는 아이를 치료하는 예수

마태오복음 17장

예수가 거룩하게 변화하는 모습을 보인 뒤 산에서 내려왔을 때 한 사람이 예수 앞에 와서 무릎을 꿇었다. 그는 간질을 앓는 아들을 치유해 달라고 간청했다. 그는 예수가 세 제자와 함께 산에 오른 동안 산 아래에 남아있던 예수의 제자들에게 아들을 데려가 병을 고쳐달라고 했다. 그렇지만 제자들이 병을 고치지 못하자 예수가 오기만을 기다렸던 것이다.

예수는 아이를 데려오게 한 뒤 아이를 사로잡고 있는 마귀에게 "아이에게서 떠나라"고 꾸짖었다. 그러자 마귀가 나가고 아이는 나았다.

제자들이 예수에게 가서 자신들은 왜 마귀를 쫓아내지 못했는지를 물었다. 그러자 예수는 "너희의 믿음이 약한 탓"이라고 말해 주었다.

간음한 여인과 예수

요한복음 8장

예수가 성전에서 군중을 가르치고 있는데, 율법학자와 바리사이파 사람들이 간음하다 잡힌 여자를 데리고 왔다. 그들은 간음한 자는 율법에 따라 돌로 쳐 죽여야 한다며 예수에게 어떻게 생각하는지를 물었다. 예수에게 올가미를 씌워 고발할 구실을 찾기 위한 것이었다.

그들은 이번에야말로 예수를 옭아맬 수 있다고 생각했다. 여자를 용서하라고 하면 율법을 어긴다고 비난받을 것이고, 여자를 돌로 치라고 하면 사랑과 자비와 용서라는 예수 자신의 가르침을 스스로 저버리는 것이었기 때문이다.

그러나 예수는 아무 대답도 하지 않고 땅바닥에 무언가를 썼다. 율법학자와 바리사이파 사람들이 대답을 재촉했다. 예수는 고개를 들고 "누구든 죄 없는 자가 먼저 이 여자에게 돌을 던지시오"라고 말하고는, 다시 몸을 굽혀 땅바닥에 무언가를 썼다. 예수의 말을 듣고 이스라엘 사람들이 하나하나 그 자리를 떠났고 마침내 예수와 여자 둘만 남았다. 예수는 "이제 다시는 죄짓지 말라"고 말하고는 여자를 돌려보냈다.

선한 사마리아인

루카복음 10장

어떤 사람이 길을 가다가 강도를 만났다. 그는 강도에게 가진 것을 모두 빼앗기고, 죽을 만큼 두드려 맞아 심한 부상을 입은 상태로 길에 버려졌다.

한 사제가 그 길로 가다가 그 사람을 발견했지만, 모른 척하고 다른 길로 가버렸다. 사제가 지나간 지 얼마 안 돼 레위 지파 사람 한 명이 그 길로 지나갔다. 하지만 그 역시 모른 척하고 반대편으로 가버렸다.

잠시 후 사마리아 사람 한 명이 길을 가다가 그 사람을 발견했다. 사마리아 사람은 그를 외면하지 않았다. 사마리아 사람은 그에게 다가가 그의 상처에 기름과 포도주를 부어 응급처치를 하고, 상처 부위를 천으로 싸맸다.

여관에 도착한 선한 사마리아인

루카복음 10장

사마리아 사람은 다친 사람을 자기 나귀에 태워 여관으로 데려가서 잘 보살폈다. 다음날 사마리아 사람은 여관 주인에게 돈을 주면서 자신이 데려온 사람을 잘 보살펴달라고 부탁했다. 만약에 비용이 더 들면, 일을 보고 돌아오는 길에 들러서 돈을 더 주겠다고도 했다.

이 사마리아 사람 이야기는 "이웃을 네 몸같이 사랑하라"는 율법서의 계명을 실천한 사례로 예수가 율법교사에게 들려준 것이다. 이야기를 마친 예수는 율법교사에게 "너도 가서 그렇게 하라"고 말했다.

어린이를 축복하는 예수

마르코복음 10장

사람들이 아이들을 예수에게 데리고 와서 아이들에게 손을 얹고 축복해달라고 청했다. 그러자 예수의 제자들이 그 사람들을 나무랐다. 예수가 그것을 보고 언짢아하며 제자들을 꾸짖었다.

예수는 제자들에게 "하느님의 나라는 어린아이와 같은 사람들의 것이니, 어린아이처럼 하느님의 나라를 받아들이지 않는 사람은 결코 그곳에 들어갈 수 없다"고 말했다. 그러고 나서 아이들을 안고 축복해주었다.

돌아온 탕자

루카복음 15장

어떤 사람에게 아들이 둘 있었다. 어느 날 작은 아들이 아버지에게 자기 몫의 재산을 미리 나눠달라고 요구했다. 아버지가 그 청을 받아들여 재산을 나눠주자 작은아들은 그것을 모두 챙겨 가지고 집을 나갔다.

집을 나간 작은아들은 방탕하게 살았고, 얼마 안 가 가진 것을 모두 잃었다. 그는 어느 농장의 머슴이 되어 돼지를 치는 일을 시작했지만, 때마침 든 흉년으로 인해 제대로 먹지도 못하고 비참하게 살았다. 그는 풍요로운 아버지 집을 떠올리고 뒤늦게 후회했다. 그는 아버지에게 돌아가서 용서를 구하고, 아버지 집의 머슴으로라도 받아달라고 청해보기로 했다. 그러나 아버지 집에 도착한 그는 차마 들어가지 못하고 담 너머에서 서성였다.

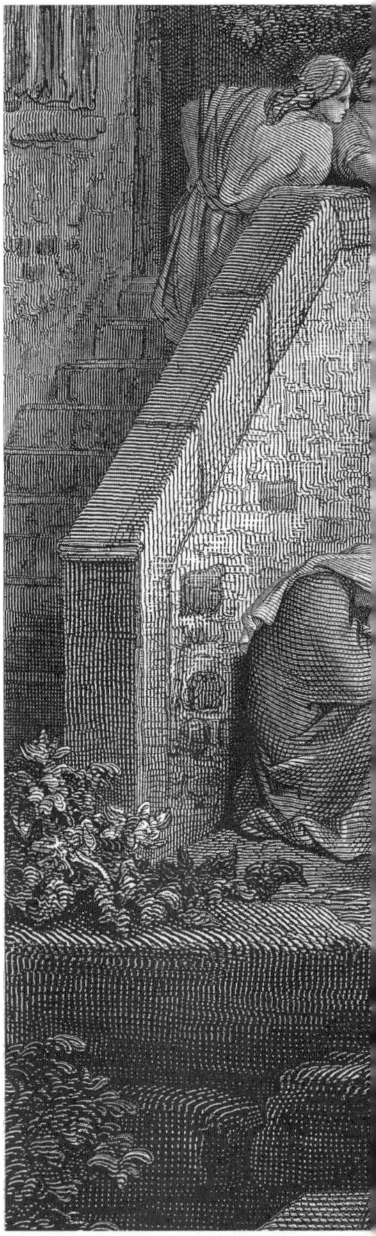

아버지 품에 안긴 탕자

루카복음 15장

아버지는 담 밖에서 서성이는 초라하고 낯선 이가 집 나간 작은아들임을 단박에 알아봤다. 아버지는 기쁜 마음으로 달려가 아들을 껴안았다. 아버지는 작은아들에게 가장 좋은 옷과 신발을 입히고 신긴 뒤 성대한 환영잔치를 열었다.

그때 큰아들이 들에서 하던 일을 마치고 돌아왔다. 그는 집에서 갑자기 잔치가 열린 것을 보고 하인에게 어찌 된 일인지를 물었다. 자초지종을 들은 그는 몹시 분노했다. 지금껏 그는 아버지에게 순종하며 열심히 일해왔지만, 아버지는 그를 위해 아무것도 해주지 않았다. 그랬던 아버지가 집을 나가 방탕하게 살며 모든 것을 탕진하고 돌아온 동생을 위해서는 성대한 잔치를 열어주고 있는 게 그는 너무도 기가 막혔던 것이다.

아버지는 분노하는 큰아들을 어르면서 이렇게 말했다. "얘야, 내가 가진 것은 모두 늘 나와 함께한 너의 것이다. 그러니 이제 함께 들어가서 기뻐하자. 네 동생은 죽었다가 살아났다. 잃었던 자식을 다시 찾았으니 내가 마땅히 즐기고 기뻐해야 하지 않겠느냐."

이 '돌아온 탕자' 이야기는 예수가 세리와 죄인들에게 해준 것이다.

부자와 라자로

루카복음 16장

예수는 '부자와 라자로'에 관한 이야기도 했다. 한 부자가 있었다. 그는 화려하고 값비싼 옷을 매일 바꿔 입으며 호사스런 생활을 했다. 그 부자의 집 대문간에는 라자로라는, 온몸에 종기가 난 거지가 살았다. 라자로는 부잣집 식탁에서 버려지는 음식 부스러기로 배를 채우며 살았다.

얼마 뒤 라자로도 죽고 부자도 죽었다. 죽은 후 라자로는 아브라함의 품에 안겨 평안을 얻고, 부자는 지옥불에서 고통을 받았다. 지옥불 속의 부자가 저 높은 곳에 함께 있는 아브라함과 라자로를 발견하고는, 라자로를 보내어 자기의 고통을 덜어주게 해달라고 아브라함에게 부탁했다. 하지만 아브라함은 부자의 청을 거절했다. 부자와 라자로 사이에는 큰 구렁텅이가 가로놓여 있어 서로 건너갈 수 없다는 이유에서였다. 또한 부자는 생전에 온갖 향락을 누리며 허랑방탕한 생활을 한 죗값을 죽은 뒤 지옥불에서 받는 것이고, 라자로는 생전에 갖은 불행을 겪었으니 죽어서 위안을 받는 것이라고 아브라함은 말했다. 아브라함의 말을 들은 부자는 이승에 있는 가족들도 죽은 뒤 지옥불에 떨어질까봐 걱정됐다. 그는 라자로를 자기 집으로 보내어 가족들을 교화해달라고 아브라함에게 부탁했다. 아브라함은 이마저 거절했다. 그들이 생전에 율법과 선지자의 말만 잘 들어도 충분히 구원받을 수 있다는 이유에서였다.

바리사이파 사람과 세리

루카복음 18장

두 사람이 기도를 드리러 성전에 갔다. 한 사람은 바리사이파 사람이었고, 다른 한 사람은 세리였다. 바라사이파 사람은 당당하게 하늘을 우러르며, 자신은 투철한 신앙심을 가지고 율법을 철저히 지키며 산다고 기도했다. 그는 스스로 의롭고 우월한 사람이라 자부했다. 반면에 세리는 감히 하늘을 우러르지도 못하고 고개를 푹 숙인 채로 기도했다. 그는 자기 가슴을 치며 자신의 죄 많음을 고백하고 참회했다.

예수는 두 사람 중 진정으로 올바른 사람은 세리라고 하면서 이렇게 말했다. "누구든지 자신을 높이면 낮아지고, 자신을 낮추면 높아질 것이다."

라자로의 부활

요한복음 11장

예수의 발에 향유를 붓고 자기 머리카락으로 닦아준 마리아에게는 마르타라는 언니와 라자로라는 오빠가 있었다. 이들 세 남매는 예수를 깊이 믿고 따랐고, 예수 역시 이들을 아끼고 사랑했다.

라자로는 중병을 앓고 있었다. 어느 날 라자로가 위독해졌고, 마리아와 마르타가 예수에게 이 사실을 알리고 빨리 와주기를 청했다. 그때 예수는 멀리 떨어진 지방에 있었다. 예수는 라자로가 죽고 무덤에 묻힌 지 나흘째 되는 날에야 남매의 집에 당도했다.

예수는 슬퍼하는 자매를 데리고 라자로의 무덤에 갔다. 무덤가에는 이미 시체 썩는 냄새가 진동했으나, 예수는 개의치 않고 무덤을 막은 돌을 치우게 했다. 그리고 하늘을 향해 기도한 뒤 외쳤다. "라자로야, 나오너라." 그러자 라자로가 천으로 온몸이 둘둘 말려 무덤에 안치됐던 모습 그대로 걸어 나왔다. 이 광경을 함께 본 많은 사람들이 예수를 믿게 됐다.

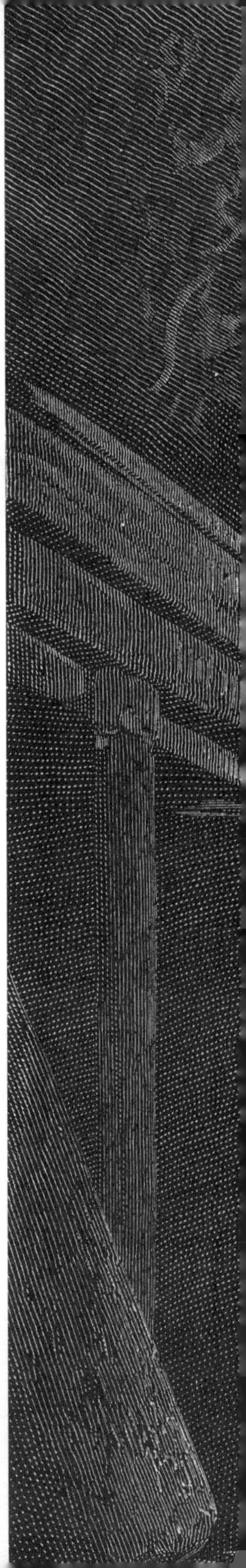

예루살렘 성에 들어가는 예수

마태오복음 21장

예수가 제자들과 함께 예루살렘으로 향했다. 예수를 따르는 수많은 군중도 함께였다. 예루살렘 인근의 올리브 산에 이르렀을 때 예수가 제자 둘을 맞은편 마을로 보내어 마을 어귀에 매인 암나귀와 나귀 새끼를 끌고 오게 했다. 제자들이 예수의 지시대로 나귀 두 마리를 끌고 와서 나귀 등에 겉옷을 펴서 걸쳐놓았다. 예수가 그 위에 올라타고 예루살렘 성을 향해 나아갔다.

예수를 따르는 수많은 군중도 길에 자신들의 겉옷을 깔았다. 나뭇가지를 꺾어 길에 까는 이들도 있었다. 그들은 소리 높여 예수를 찬양했다. "호산나, 다윗의 자손! 주의 이름으로 오시는 이여 찬미받으소서. 지극히 높은 곳에서도 호산나!"

성전에서 추방당하는 장사꾼들

마태오복음 21장, 요한복음 2장

예루살렘에 도착한 예수는 성전으로 갔다. 그런데 성전이 예배를 보는 신성한 곳이 아니라 시장바닥 같았다. 소, 양, 비둘기를 파는 장사꾼들과 환전꾼들이 성전을 어지럽히고 있었다.

그 모습을 보고 분노한 예수가 채찍을 휘두르며 장사꾼들과 그들이 파는 동물들을 성전 밖으로 내쫓고, 환전꾼들의 돈을 쓸어버리고 탁자를 엎었다. 장사꾼들과 환전꾼들이 예수에게 "당신이 이런 일을 할 권한이 있다는 증거를 보여달라"며 항의하자 예수가 말했다. "성전을 무너뜨려라. 그러면 내가 사흘 안에 다시 세우겠다."

카이사르의 것은 카이사르에게

마태복음 22장

바리사이파 사람들은 자신들을 비판하는 예수가 못마땅했다. 그들은 어떻게 해서든 눈엣가시 같은 예수를 처치하고 싶었다. 어느 날 그들이 예수에게 올가미를 씌우려고 로마 제국이 임명한 이스라엘 총독의 부하들을 데리고 예수를 찾아갔다.

그들은 예수에게 "우리가 로마 황제에게 세금을 내는 게 옳습니까, 그릅니까?" 하고 물었다. 예수는 그들의 마음을 꿰뚫고 있었다. 예수는 그들에게 세금으로 내는 화폐를 가져오게 한 뒤 그 화폐에 새겨진 글과 형상이 누구의 것인지 물었다. 당시 로마 제국에 세금으로 내던 화폐에는 로마 황제의 형상이 새겨져 있었다. 그래서 그들은 "카이사르의 것"이라고 대답했다. 그러자 예수가 말했다. "카이사르의 것은 카이사르에게, 하느님의 것은 하느님에게 바쳐라."

가난한 과부가 바친 헌금

마르코복음 12장

예수가 성전의 헌금함 맞은편에 앉아서 사람들이 헌금함에 돈을 넣는 것을 보고 있었다. 많은 사람들이 적지 않은 액수의 헌금을 했다. 부자들은 상당히 큰돈을 헌금함에 넣었다.

그때 한 가난한 과부가 오더니 렙돈 두 닢을 헌금함에 넣었다. 렙돈은 가장 적은 단위의 화폐였다.

예수가 그 모습을 보고는 제자들에게 말했다. "저 과부는 누구보다도 많은 헌금을 했다." 다른 사람들은 풍족한 형편에서 가진 돈의 일부를 헌금했지만, 과부는 자기가 가진 돈 전부를 헌금했다는 의미였다. 예수는 물질이 아닌 마음을 높이 평가했던 것이다.

최후의 만찬

요한복음 13장, 루카복음 22장, 마태오복음 26장

파스카 축제일이 다가왔다. 예수는 자신이 곧 십자가에 못박혀 죽을 것임을 알고, 제자들과 함께하는 마지막 만찬 자리를 준비했다. 최후의 만찬일에 예수와 열두 명의 제자들이 식탁에 둘러앉아 빵과 포도주를 나누어 먹었다. 식사 도중에 예수가 자리에서 일어나더니 대야에 물을 떠서 제자들의 발을 닦아주었다.

예수는 제자들 가운데 한 명이 자신을 팔아넘길 것이라고 말해주었다. 제자들이 놀라며 한 사람씩 차례로 "저는 아니겠지요?"라고 물었다. 유다가 물었을 때 예수는 "네가 그렇게 하겠다고 이미 말했다"고 대답했다. 조금 뒤 유다는 예수가 나눠준 빵을 받고 슬그머니 만찬장 밖으로 빠져나갔다.

만찬이 끝난 뒤 예수는 제자들과 함께 올리브 산으로 갔다. 그곳에서 예수가 제자들에게 "오늘 밤에 너희가 모두 나를 버릴 것이다"라고 말했다. 베드로가 이 말을 듣고, 모두가 예수를 버려도 자신은 결코 예수를 버리지 않을 것이라고 했다. 그러자 예수가 "닭이 울기 전에 너는 나를 세 번 부인할 것이다"라고 대답했다.

잠자는 세 제자

마르코복음 14장, 루카복음 22장, 마태오복음 26장

예수와 제자들이 한참을 걸어서 겟세마니라는 곳에 이르렀다. 예수는 제자들에게 앉아서 쉬고 있으라고 말하고, 베드로를 비롯한 제자 셋만을 데리고 동산 위로 올라갔다.

자신에게 곧 닥칠 수난을 알고 있는 예수는 너무도 두렵고 외로웠다. 예수는 괴로운 자신의 심경을 함께 동산에 오른 세 제자에게 전하면서, 자신과 함께 밤을 지새워달라고 요청했다. 그러고는 그들과 조금 떨어진 곳으로 가서 엎드려 기도했다.

예수가 기도를 하고 세 제자 곁으로 돌아갔을 때 그들은 피곤에 지쳐 잠들어 있었다. 예수는 베드로를 깨워 "유혹에 빠지지 않도록 기도하라"고 말하고는 다시 기도하러 갔다. 잠시 후 예수가 제자들 곁으로 다시 가서 보니 제자들은 여전히 잠들어 있었다. 이번에는 예수가 그들을 깨우지 않고 또다시 기도하러 갔다.

겟세마니 동산에서 기도하는 예수

루카복음 22장, 마르코복음 14장, 마태오복음 26장

예수는 잠든 제자들 곁에서 홀로 외롭게 기도했다. 그는 무릎을 꿇고 엎드려 이마를 땅에 댔다. 그리고 가능하다면 시간이 자신을 비켜가게 해달라고 하느님에게 기도했다. 두려움과 번뇌 속에서 간절하게 기도하는 예수의 몸에서 마치 핏방울처럼 땀방울이 떨어져 내렸다.

그때 하늘에서 천사가 내려왔다. 천사는 고통에 찬 예수의 마음을 어루만지고 힘을 북돋워주었다. 기운을 차린 예수가 다시 기도했다. "아버지, 이 잔을 제게서 거두어가 주소서. 그러나 제 뜻대로 하지 마시고 아버지의 뜻대로 하시옵소서."

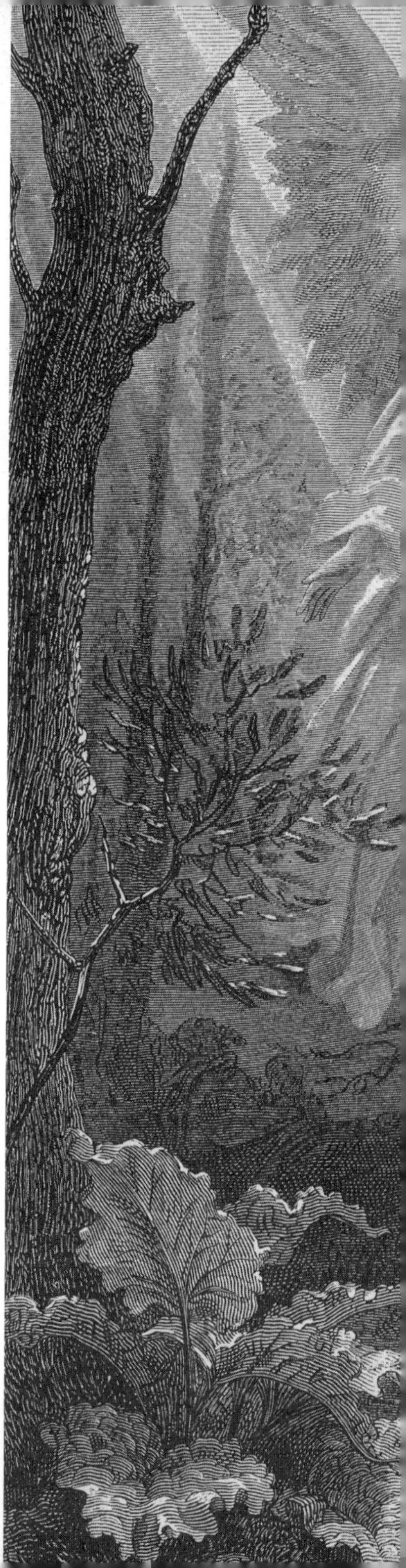

유다의 입맞춤

루카복음 22장, 마르코복음 14장, 마태오복음 26장

기도를 마친 예수가 잠든 제자들을 깨우며 말했다. "일어나라. 이제 때가 되었다. 나를 팔아넘길 자가 가까이 왔느니라."

그때 열두 제자 중 한 사람인 유다가 나타났다. 이윽고 한 무리의 사람들이 떼를 지어 예수 쪽으로 몰려왔다. 그들의 손에는 칼과 몽둥이가 들려있었다. 유다는 무리와 미리 짜둔 각본대로 예수에게 다가갔다. 그리고 "스승님" 하고 부르며 예수의 뺨에 입을 맞추었다. 그러자 무리가 달려들어 예수를 붙들었다. 예수 옆에 서있던 베드로가 칼을 휘둘러 무리 중 한 명의 귀를 잘랐다. 예수는 "칼을 든 자는 칼로 망한다"며 베드로를 나무라고, 그 사람의 귀를 고쳐주었다.

예수가 잡히자 제자들이 모두 예수를 버리고 달아났다.

예수를 부인하는 베드로

요한복음 18장, 루카복음 22장, 마르코복음 14장, 마태오복음 26장

무리는 예수를 붙잡아 대사제 가야파의 집으로 끌고 갔다. 멀찌감치 떨어져서 예수의 뒤를 쫓던 베드로도 대사제의 집으로 들어갔다. 그곳에는 예수를 못마땅해 하는 사제와 율법학자와 이스라엘 원로들이 가득 모여 있었다. 그들은 예수를 처형할 명분을 찾으려 거짓증언으로 그를 심문했다. 또 예수의 눈을 가린 후 뺨을 때리고 침을 뱉었다.

그때 대사제 집 하인이 베드로를 발견하고는 "예수의 제자가 아니냐"고 물었다. 베드로는 "나는 그 사람을 모른다"며 부인했다. 곁에 있던 또 다른 사람이 베드로를 보고 "예수의 패거리가 아니냐"고 물었다. 베드로가 "나는 아닐세"라고 부인했다. 얼마 뒤 누군가가 베드로를 가리키며 "이자도 분명히 예수와 함께 있었다"고 말했다. 이번에도 베드로는 "무슨 말을 하는지 모르겠다"며 부인했다.

그 순간 베드로와 예수의 눈이 마주쳤다. 베드로는 조용히 밖으로 나갔다. 그리고 "닭이 세 번 울기 전에 너는 나를 세 번 부인할 것이다"라던 예수의 말을 떠올리며 슬피 울었다.

채찍질당하는 예수

요한복음 19장, 루카복음 23장, 마르코복음 15장, 마태오복음 27장

다음날 아침 무리는 예수를 로마인 총독 빌라도에게 끌고 갔다. 그들은 예수가 스스로를 왕이라 칭하며 이스라엘 백성을 선동하고 로마에 세금을 바치지 못하게 했다고 고발했다.

그러나 예수를 심문한 빌라도는 아무런 죄목도 찾지 못했다. 빌라도는 헤로데 왕에게 예수를 보내 신병 처리를 떠넘겼지만, 헤로데 왕 역시 죄목을 찾지 못하자 예수를 다시 빌라도 총독에게 보냈다.

빌라도 총독은 예수를 고발한 이스라엘 무리에게 예수의 죄를 찾지 못했으니 풀어주는 게 어떻겠냐고 했다. 그러자 무리는 강하게 반발하며 예수를 처형하라고 요구했다. 빌라도 총독은 무리의 소요를 잠재우기 위해 일단 예수를 군사들에게 넘겨 채찍질하게 했다.

가시면류관을 쓴 예수

요한복음 19장, 루카복음 23장, 마르코복음 15장, 마태오복음 27장

빌라도 총독에게서 예수를 넘겨받은 로마 병사들은 가시나무로 면류관을 엮어 예수의 머리에 씌웠다. 또 예수의 몸에 자홍색 옷을 입히고, 오른손에는 갈대를 들게 했다. 그러고는 예수 앞에 와 머리를 조아리는 시늉을 하며 "이스라엘의 왕 만세!"라고 외치며 낄낄거렸다. 그들은 예수의 얼굴에 침을 뱉고, 손에 들려주었던 갈대를 빼앗아 예수의 머리를 때렸다.

그들은 예수를 마음껏 조롱한 다음 자홍색 겉옷을 벗기고, 그의 벗은 몸에 채찍질을 가했다.

군중 앞에 선 예수

요한복음 19장, 루카복음 23장, 마르코복음 15장, 마태오복음 27장

빌라도 총독은 예수에게 죄가 없음을 알고 있었다. 그는 사제와 원로들을 포함한 이스라엘 기득권층이 예수를 눈엣가시로 여겨 제거하고자 하는 것을 알았지만, 자신의 정치적인 입장 때문에 예수를 풀어줄 수 없었다. 그러나 그는 예수를 죽이는 것만은 피하고 싶었다.

예수를 놓아줄 기회를 찾던 빌라도 총독은 파스카 축제 때에는 군중이 원하는 죄수 한 명을 풀어주는 관례를 이용하기로 했다. 그는 예수를 군중 앞에 데리고 가서 말했다. "이 사람을 보라. 나는 이자에게서 사형을 언도해야 할 죄목을 하나도 찾지 못했다. 그래서 이자를 풀어주고자 한다." 그러나 이스라엘 군중은 강도 바라빠를 사면하고 예수는 죽이라고 외쳤다. 그들은 스스로를 이스라엘의 왕이라고 하는 예수를 죽이지 않는 것은 로마 황제에 대한 반역이라며 빌라도 총독을 협박했다.

결국 빌라도 총독은 그들에게 굴복했다. 그는 물을 받아 손을 씻으며 군중에게 말했다. "나는 이 사람의 피에 대한 책임이 없다."

십자가를 지고 가는 예수

요한복음 19장, 루카복음 23장, 마르코복음 15장, 마태오복음 27장

로마 병사들은 예수를 처형장인 골고타로 끌고 가기 시작했다. 예수는 자신이 매달릴 십자가를 직접 짊어지고 처형장으로 가야 했다. 그러나 채찍을 많이 맞은 예수는 십자가를 짊어지고 걸어갈 수 없을 만큼 기력이 다한 상태였다.

십자가를 짊어진 예수는 제대로 걷지 못하고 자꾸 쓰러졌다. 그러자 병사들은 지나가던 한 사내를 붙들어 예수의 십자가를 대신 짊어지게 했다. 그 사내의 이름은 시몬이었다.

통곡하는 사람들

루카복음 23장

예수를 따르던 사람들이 예수와 함께 골고타로 갔다. 그들은 예수의 죽음을 슬퍼했다. 가슴을 치며 목놓아 우는 여자들도 있었다. 예수가 그런 여자들을 돌아보며 말했다.

"예루살렘의 딸들아, 나를 위해 울지 말고 너희와 너희 자녀들을 위해 울어라. '아이를 낳지 못하는 여자, 아이를 갖지 못하는 배, 아이에게 물려보지 못한 젖가슴은 행복하여라!' 하고 말할 날이 올 것이다. 그때에 사람들은 산을 보고 '우리 위로 무너져 내려라' 할 것이며, 언덕을 보고 '우리를 덮어 달라' 할 것이다. 생나무가 이런 일을 당하거든 마른 나무야 오죽하겠는가?"

십자가에 못박히다

요한복음 19장, 루카복음 23장, 마르코복음 15장, 마태오복음 27장

오전 9시에 로마 병사들이 예수를 십자가에 못박았다. 예수와 함께 십자가형을 선고받고 골고타로 끌려온 죄인이 두 명 더 있었다. 그들도 십자가에 못박혀 예수의 오른편과 왼편에 각각 놓였다.

빌라도는 세 가지 언어(히브리어, 라틴어, 그리스어)로 '이스라엘의 왕 나자렛 예수'라는 명패를 써서 예수가 못박힌 십자가 위에 붙였다. 대사제들이 명패의 내용을 '자칭 이스라엘의 왕 나자렛 예수'로 바꿔달라고 빌라도에게 요청했다. 그러나 빌라도는 "한번 썼으면 그만이다" 하며 거절했다.

십자가를 지켜보는 여인들

요한복음 19장, 루카복음 23장, 마르코복음 15장, 마태오복음 27장

로마 병사들은 예수를 십자가에 못박은 뒤 몰약을 탄 포도주를 권했으나 예수는 마시지 않았다. 그들은 제비뽑기를 하여 예수의 겉옷을 나누어 가졌다.

예수의 십자가 곁에는 예수의 어머니 마리아와 예수의 이모, 마리아 막달레나, 야고보와 요셉의 어머니 마리아, 그리고 예수의 제자 등이 서 있었다. 예수는 어머니에게 그 제자를 가리키며 "여인이여, 당신의 아들입니다"라고 말했다. 이어 제자에게 "이분이 네 어머니시다"라며 어머니를 부탁했다. 그때부터 그 제자가 예수의 어머니를 자기 집에 모셨다.

양옆 십자가에 매달린 두 죄수

요한복음 19장, 루카복음 23장, 마르코복음 15장, 마태오복음 27장

예수를 모함한 자들이 십자가에 못박힌 예수를 보며 조롱했다. "성전을 허물고 사흘 만에 다시 짓겠다던 자가 아닌가. 제 목숨이나 먼저 구해보라지." "다른 사람은 구원하면서 제 자신은 구원하지 못하는가 보네." 로마 병사들도 예수를 조롱했다. "이스라엘의 임금이라면서? 너 자신을 구해봐."

예수의 양옆 십자가에 매달린 죄수 둘 중 한 명도 예수를 향해 소리쳤다. "메시아라면서? 그럼 당신과 우리를 구해야지!" 그러자 다른 죄수가 말했다. "그런 말을 하다니, 하느님이 두렵지도 않은가? 죄를 저지른 우리는 마땅한 벌을 받는 거지만, 이분은 아무 잘못도 하지 않으셨네." 이어 그는 예수를 향해 말했다. "예수여, 당신의 나라에 들어갈 때 저를 기억해주소서." 예수가 대답했다. "너는 오늘 나와 함께 낙원에 있을 것이다."

어찌하여 나를 버리셨나이까

요한복음 19장, 루카복음 23장, 마르코복음 15장, 마태오복음 27장

예수는 자신을 조롱하는 자들을 보며 말했다. "아버지, 저들을 용서해주십시오. 저들은 자기가 무슨 일을 하는지도 모릅니다."

낮 12시쯤 되었을 때 갑자기 태양이 빛을 잃고 어둠이 온 땅을 덮었다. 어둠은 오후 3시까지 계속됐다. 오후 3시에 예수가 큰 소리로 부르짖었다. "엘리 엘리 레마 사박타니(나의 하느님, 나의 하느님, 어찌하여 나를 버리셨나이까)!" 몇몇 사람이 이 소리를 예수가 엘리야를 부르는 소리로 오해했다. 그들은 "엘리야를 부르네. 진짜로 엘리야가 와서 그를 구해주는지 어디 한번 보자"라고 말했다.

한 사람이 신 포도주를 적신 해면을 갈대에 꽂아서 예수의 입에 갖다 댔다. 예수가 그것을 마시고 다시 큰 소리로 외쳤다. "아버지, 제 영혼을 아버지께 맡기옵니다." 이어 예수는 "다 이루어졌다"라고 말하고는 고개를 숙이며 숨을 거두었다.

십자가에서 내려지다

요한복음 19장, 루카복음 23장, 마르코복음 15장, 마태오복음 27장

날이 저물었다. 다음날은 안식일이었다. 원래 십자가형은 죄인이 죽을 때까지 며칠이고 십자가에 매달아두는 게 원칙이었으나, 이스라엘 사람들은 거룩한 안식일에도 시체가 십자가에 매달려 있는 것을 원치 않았다. 그래서 그들은 빌라도 총독에게 십자가에서 시체를 치워달라고 요청했다.

로마 병사들은 아직 숨이 남아있는 두 죄수의 다리를 부러뜨려서 그들을 죽였다. 그리고 이미 숨을 거둔 예수의 옆구리에 창을 찔러서 그의 죽음을 재차 확인했다. 예수의 옆구리에서 짙은 핏물이 쏟아져 나왔다. 곧이어 시체들이 십자가에서 내려졌다.

예수의 시신을 거두는 요셉

요한복음 19장, 루카복음 23장, 마르코복음 15장, 마태오복음 27장

요셉이라는 사람이 빌라도를 찾아갔다. 그는 의회의 의원으로 착하고 의로운 사람이었으며, 예수의 제자였다. 하지만 예수가 잡히는 순간 달아나 여태 자신이 예수의 제자임을 숨기고 있었다. 그는 예수의 시신을 내어달라고 요청했다. 빌라도는 백인대장을 통해 예수가 죽은 것을 확인하고 나서 그 시신을 요셉에게 내주었다.

예수의 또 다른 제자인 니고데모도 몰약과 침향을 가득 가지고 왔다. 요셉과 니고데모는 예수의 시신을 모셔다가 이스라엘 풍속대로 향료를 바르고 고운 베로 감싸서 매장할 채비를 했다.

골고타 언덕에 묻힌 예수

요한복음 19장, 루카복음 23장, 마르코복음 15장, 마태오복음 27장

마침 골고다 언덕에는 비어있는 무덤터가 있었다. 요셉과 니고데모는 마리아 막달레나를 비롯한 몇몇 여인들이 지켜보는 가운데 예수의 시신을 그곳에 안치했다.

대사제와 바리사이파 사람들은 예수가 생전에 자신이 죽은 지 사흘 만에 다시 살아나리라고 예언했던 게 마음에 걸렸다. 그들은 예수의 제자들이 예수의 시신을 빼돌린 다음 사흘 뒤에 예수가 부활했다고 거짓말하며 이스라엘 사람들을 선동할지도 모른다고 생각했다. 그래서 빌라도 총독을 찾아가 사흘간 예수의 무덤을 감시해달라고 요구했다. 빌라도는 자체적으로 알아서 하라고 대답했다. 그들은 파수꾼을 보내어 돌로 무덤을 단단히 봉인한 뒤 보초를 서게 했다.

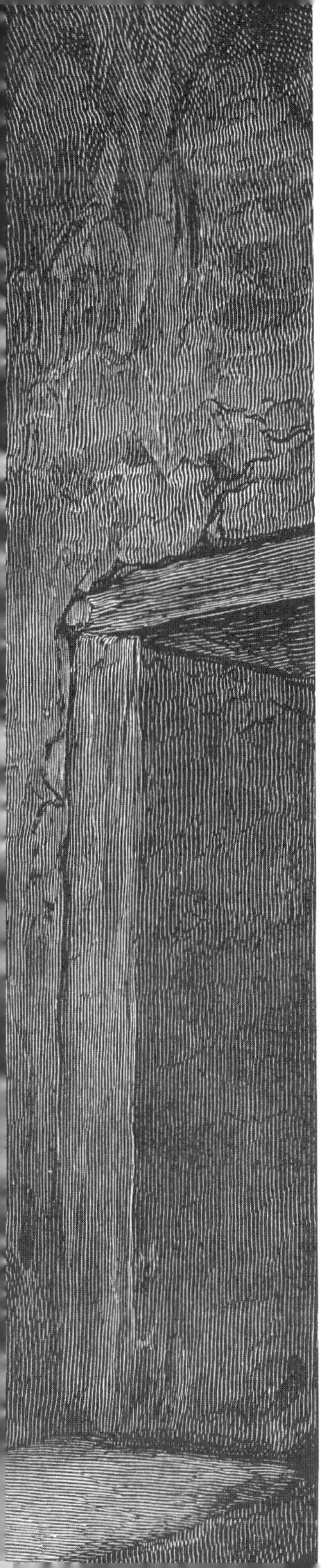

예수의 부활

요한복음 20장, 루카복음 24장, 마르코복음 16장, 마태오복음 28장

예수가 죽은 지 사흘이 지난 날 새벽 동이 틀 무렵에었다. 예수의 장례를 지켜보았던 여인들이 향료를 가지고 예수의 무덤으로 가기 위해 마을을 떠났다. 도중에 갑자기 천지가 진동하더니 하늘에서 천사 둘이 내려와 무덤을 봉인한 큰 돌을 치웠다. 무덤을 지키던 파수꾼들은 이 모습을 보고 놀라 까무러쳤다.

여인들이 무덤에 도착해서 보니 예수의 시신은 없고 청년의 모습을 한 천사 둘이 앉아 있었다. 예수의 시신이 없어졌다며 울먹이는 여인들에게 천사가 말했다. "살아있는 이를 왜 죽은 자 가운데서 찾느냐. 그분은 말씀하셨던 대로 다시 살아나셨다."

기뻐하는 여인들 앞에 예수가 모습을 드러냈다. 여인들은 예수의 발을 잡고 절을 한 뒤 곧장 제자들에게 가서 예수가 부활했음을 알렸다.

엠마오로 가는 두 제자 앞에 나타난 예수

요한복음 20장, 루카복음 24장, 마르코복음 16장, 마태오복음 28장

제자들은 여인들에게서 예수가 부활했다는 소식을 들었지만 믿지 못했다. 그날 예수의 두 제자가 예루살렘을 떠나 엠마오로 가면서 그간의 일에 대해 대화를 나누었다. 그때 예수가 그들 곁에 다가가 "무슨 얘기를 나누고 있소"라며 말을 걸었다. 두 사람은 말을 건 사람이 예수임을 알아차리지 못한 채 자신들이 나누던 이야기가 무엇이었는지를 말해주었다.

그들은 이스라엘을 구원해줄 것으로 알려진 예수라는 예언자가 실제로 있었다는 것과, 그 예수가 이스라엘 지배계급의 모함으로 인해 사형선고를 받고 십자가에 못박혀 죽었다는 것과, 예수가 죽은 지 사흘째 되는 오늘 몇 명의 여자들이 예수의 무덤에 다녀와서는 예수가 부활했다고 말했다는 것과, 그 말을 듣고 몇몇 동료들이 예수의 무덤에 가보았지만 예수를 보지는 못했다는 것을 말해주었다. 이야기의 말미에 그들은 예수의 부활을 믿지는 못하겠다는 표정을 지었다.

엠마오에 이르렀을 때에는 이미 날이 저물었다. 예수가 홀로 길을 더 가려 하자 두 제자가 날이 저물었으니 자신들과 함께 밤을 보내고 다음 날에 가라며 예수를 붙들었다. 예수는 그들과 함께 집으로 들어가 식탁에 앉았다. 그리고 빵을 들어 감사의 기도를 올린 다음 그들에게 나누어 주었다. 그때 그들은 비로소 예수를 알아보았다. 그러나 예수는 이미 어디론가 사라지고 난 뒤였다.

두 제자는 그 길로 예루살렘으로 돌아가서 예수의 다른 제자들을 불러 모았다. 두 제자가 동료들에게 자신들이 보고 들은 것을 이야기하고 있을 때 예수가 나타났다. 제자들은 귀신을 본 줄로 알고 두려워했다. 예수가 십자가에 못박힐 때 손과 발에 생긴 상처를 보여주자 그들이 비로소 예수의 부활을 믿었다.

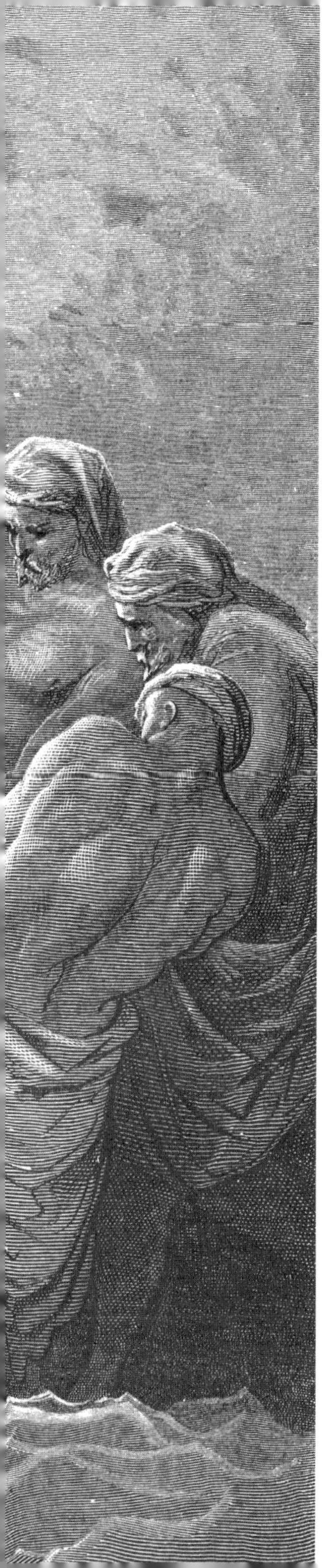

물고기 잡는 제자들 앞에 나타난 예수

요한복음 21장

얼마 뒤 예수는 다시 제자들 앞에 모습을 드러냈다. 베드로를 비롯 일곱 명의 제자들이 갈릴래아 호수에서 물고기를 잡고 있을 때였다. 그들은 밤새 고기잡이를 했으나 허탕을 친 상태였다.

새벽 어스름에 호숫가에서 한 사람이 제자들을 향해 “무얼 좀 잡았느냐”고 물었다. 그 사람은 예수였지만, 아직 날이 어두운 데다 꽤 떨어진 거리에 있던 제자들은 예수를 알아보지 못했다. 제자들이 “아무것도 잡지 못했다”고 하니, 그 사람이 “그물을 배 오른편으로 던져보라”고 권했다. 제자들이 그 말대로 하니 그물을 끌어올릴 수 없을 만큼 많은 물고기가 잡혔다.

제자들이 갈릴래아 호수에서 예수를 처음 만났을 때와 거의 흡사한 상황이었다. 순간 베드로는 호숫가에서 말을 건넨 이가 예수임을 깨달았다.

예수의 승천

루카복음 24장, 마르코복음 16장, 사도행전 1장

제자들이 모두 모인 자리에 예수가 나타났다. 예수는 제자들에게 자신의 부활은 오래전 선지자들이 성서에 기록한 예언이 실현된 것이며, 제자들이 그 증인임을 상기시켰다. 이어 예수는 제자들에게 온 세상을 돌아다니며 복음을 전파하는 사명을 부여했다. 그러고는 며칠 뒤 하늘에서 성령이 내려와 사명을 행하는 데 필요한 능력을 줄 것이니 그때까지 예루살렘에 머무르라고 명했다.

말을 마친 예수는 제자들을 베다니아 근처로 데리고 갔다. 그리고 두 손을 들어 제자들을 축복한 후 하늘로 올라갔다. 제자들은 승천하는 예수에게 경배하고, 예수가 이른 대로 예루살렘으로 돌아가서 날마다 하느님을 찬미하며 지냈다.

오순절 날의 성령 강림

사도행전 2장

오순절(모세가 십계명을 받은 것을 기념하는 날이자 추수 감사절)을 맞아 이스라엘 사람들이 예루살렘으로 모여들었다. 이날은 예수가 승천한 지 열흘째 되던 날로, 제자들은 예수가 이른 대로 한곳에 모여 앉아 기도를 하고 있었다. 그들은 베드로, 요한, 야고보, 안드레아, 필립보, 토마스, 바르톨로메오, 마태오, 알패오의 아들 야고보, 시몬, 야고보의 아들 유다, 마지막으로 예수를 배신하고 자살한 이스가리옷 유다를 대신해 새로 뽑힌 마티아 등 모두 열둘이었다.

오전 아홉 시경에 갑자기 하늘에서 바람이 휘몰아치는 듯한 소리가 들리더니 성령이 내려와 제자들이 있는 곳을 가득 채웠다. 곧이어 불꽃 모양의 혀가 나타나 갈라지면서 각 제자 위에 내려앉았다. 그러자 제자들이 저마다 다른 언어로 말을 하기 시작했다. 그 소리를 듣고 사람들이 몰려왔다. 사람들은 갈릴래아와 그 주변 출신인 제자들이 메디아어와 엘람어에서 이집트어와 로마어에 이르기까지 각기 다른 나라의 언어로 말하는 것을 보고 놀라움을 금치 못했다.

설교하는 베드로

사도행전 2장

열두 명의 제자가 제각각 다른 언어로 말하는 것을 본 군중 가운데 일부는 "저들이 술에 취했나보군" 하며 비아냥거렸다. 그때 베드로가 다른 제자들과 함께 자리에서 일어났다. 베드로는 자신들은 취하지 않았으며, 지금의 일은 예로부터 선지자들이 남긴 예언이 이루어진 것이라고 외쳤다. 계속해서 베드로는 하느님이 예언을 이루기 위해 예수를 이 땅에 보냈고 이미 정해둔 계획대로 그를 악인들의 손에 넘겨 십자가에 못박혀 죽게 하고 죽은 지 사흘만에 다시 살렸으며, 베드로 자신을 비롯한 제자들이 그 증인이라고 말했다.

베드로의 말을 듣고 많은 이들이 어찌해야 할지를 물었다. 베드로는 그들에게 예수의 이름으로 세례를 받고 죄를 용서받으라고 말해주었다. 이날 삼천 명가량 되는 사람들이 베드로의 말을 받아들여 세례를 받았다.

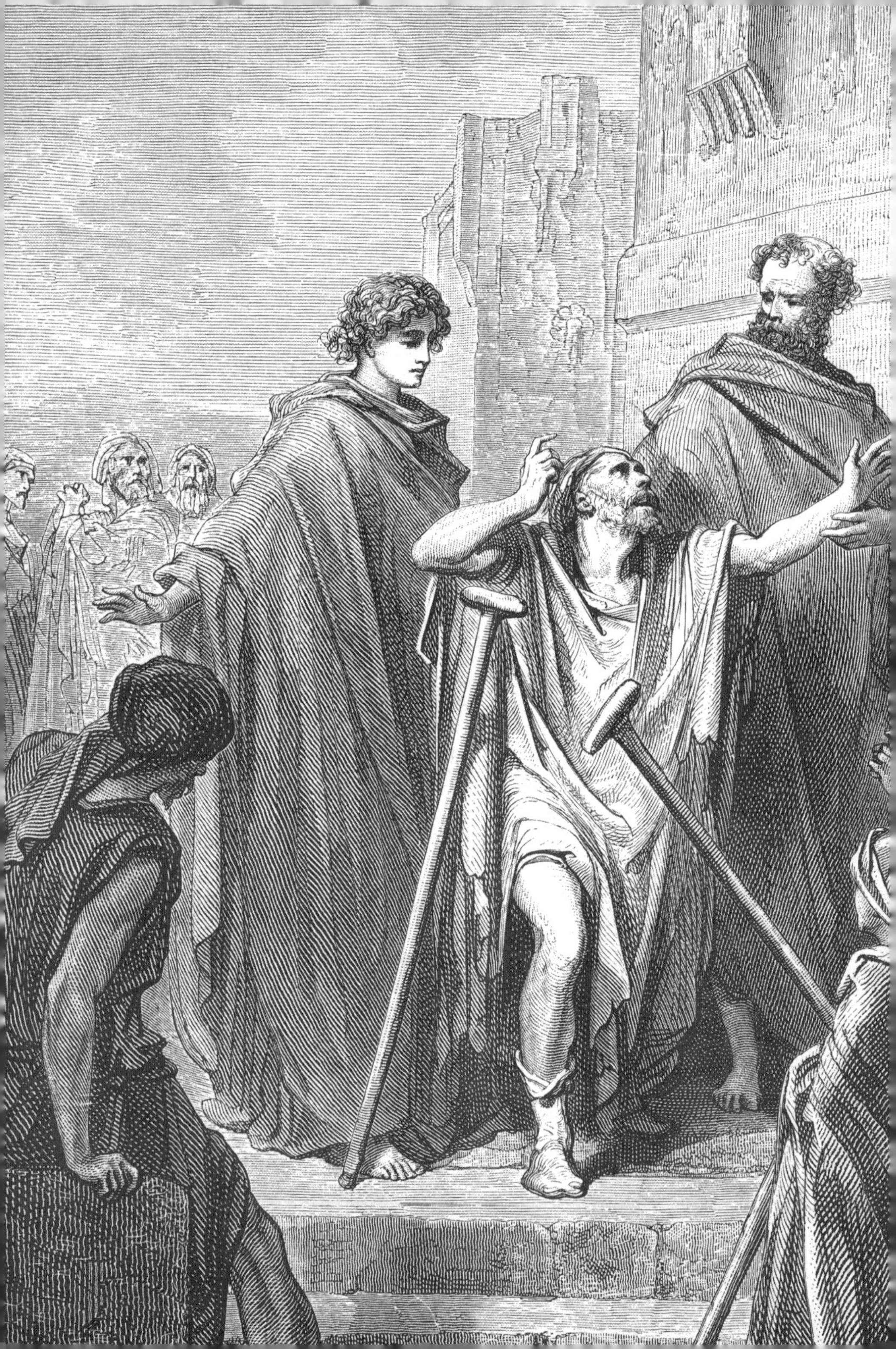

앉은뱅이를 고치는 베드로와 요한

사도행전 3장

베드로와 요한이 기도 시간에 맞추어 성전으로 갔다. 성전 문 앞에서 한 앉은뱅이가 두 사람을 붙들었다. 그는 날마다 성전 문 앞에 나와 구걸을 하는 자로, 태어날 때부터 앉은뱅이였다.

베드로는 요한과 함께 그를 유심히 바라보며 이렇게 말했다. "내게 돈은 없소. 그러나 돈 대신 내가 가진 것을 당신에게 주겠소. 예수 그리스도의 이름으로 말하노니, 일어나 걸으시오."

베드로는 이 말과 함께 앉은뱅이의 오른손을 잡아 일으켰다. 그러자 발과 발목에 힘을 얻은 앉은뱅이가 벌떡 일어나 걷기 시작했다. 그는 너무도 기쁜 나머지 껑충껑충 뛰어 성전 안으로 들어가면서 하느님을 찬양했다.

하나니아스의 죽음

사도행전 5장

성령이 강림한 뒤로 예수의 열두 제자는 예수가 생전에 부여한 사도의 임무를 충실히 행했다. 사도들은 예수의 가르침을 전하고 예수의 이름으로 세례를 주었다.

열두 사도와 그들에게 세례를 받고 신도가 된 사람들은 공동체를 만들어서 모든 것을 함께 소유했다. 초기 교회가 탄생한 것이다. 신도들은 가진 재산을 모두 팔아 교회에 내놓고 그때그때 필요한 만큼 나누어 받았다.

하나니아스라는 사람도 아내 사피라와 함께 신도가 되어 자신들의 재산을 교회에 내놓았다. 그런데 그들은 땅을 팔아 손에 넣은 돈의 일부를 감추고 나머지만 갖다 주면서, 그것이 전부인 양 사도들을 속였다. 베드로가 그 사실을 알고 하나니아스를 꾸짖었다. "왜 사탄에게 마음을 빼앗겨 성령을 속이고 돈을 빼돌렸소? 당신은 사람을 속인 것이 아니라 하느님을 속인 것이오." 베드로가 말을 마치자마자 하나니아스는 그 자리에서 쓰러져 숨지고 말았다.

첫 번째 순교자 스테파노

사도행전 6, 7장

신도 수가 날로 늘어나자 열두 사도는 자신들을 보조하여 교회의 일을 도울 사람 일곱 명을 봉사자로 뽑았다. 스테파노는 일곱 봉사자 중 한 사람으로, 성령의 힘으로 놀라운 기적을 많이 행했다. 그는 각지에서 온 유대인들과 논쟁을 벌였는데, 뛰어난 지혜로 모두를 압도했다. 자신들의 능력으로는 스테파노를 당해낼 수 없었던 유대인들은 사람들을 매수해 스테파노가 모세와 하느님을 모독했다는 소문을 퍼뜨렸다. 이 일로 스테파노는 산헤드린(의회)에 끌려가 재판을 받았다.

산헤드린은 사제를 주축으로 한 사두가이파와 바리사이파 등의 기득권층으로 구성돼 있었다. 예수의 처형을 주도하고 예수의 부활을 믿지 않는 그들에게 예수의 복음을 전하는 스테파노가 달가울 리 없었다. 게다가 스테파노는 재판정에서 "당신들과 당신들의 조상이 박해하지 않은 예언자가 있었느냐"며 그들을 비판했다. 분노한 그들은 그 자리에서 스테파노를 끌어내 돌로 쳐 죽였다.

스테파노는 마지막 순간에 "이 죄를 저 사람들에게 돌리지 마십시오"라는 말을 남겼다.

사울의 회심

사도행전 9장

스테파노의 순교 이후 본격적인 그리스도교 박해가 시작됐다. 그리스도인들은 박해를 피해 사마리아와 이스라엘 곳곳으로 흩어져서 복음을 전파했다.

바리사이파인 사울은 박해에 앞장선 사람으로 닥치는 대로 신도들을 잡아 가뒀다. 사울이 다마스쿠스의 그리스도인을 소탕하러 갈 때였다. 갑자기 하늘에서 빛이 번쩍이더니 사울을 비췄고, 사울은 그 빛에 의해 시력을 잃고 쓰러졌다. 그때 사울은 "나는 네가 박해하는 예수다. 일어나 성안으로 들어가라. 그곳에서 누군가가 네가 할 일을 알려줄 것이다"라는 목소리를 들었다.

사람들에 의해 다마스쿠스 성내로 옮겨진 사울은 사흘간 식음을 전폐하고 기도했다. 사흘 뒤 다마스쿠스에 사는 그리스도인 하나니아스가 사울을 찾아왔다. 그가 사울의 머리에 손을 얹자 사울의 눈에서 비늘 같은 것이 벗겨지며 시력이 되돌아왔다. 사울은 하나니아스에게 세례를 받고 그리스도인이 됐다.

그리스도교로 개종한 사울은 사도가 되어서 그리스와 로마 지역을 돌며 그리스도교를 전파했다. 사울의 전도는 서양 세계를 그리스도교 세계로 바꾸는 기폭제가 됐다.

코르넬리우스의 집에 간 베드로

사도행전 10장

카이사리아에 로마군 백인대장 코르넬리우스가 살고 있었다. 그는 이방인이지만 그리스도인이 됐고, 누구보다 깊은 신앙심을 갖고 있었다. 하루는 기도하는 코르넬리우스에게 천사가 찾아와서 베드로를 데려오라고 했다. 코르넬리우스는 즉시 사람을 보내 베드로를 데려오게 했다.

그즈음 베드로도 환상을 보았다. 하늘에서 그릇이 내려왔는데, 그 안에는 율법에서 금하는 음식이 담겨있었다. 그것을 먹으라는 하느님의 명에 베드로는 "부정한 음식이라 먹을 수 없습니다"라고 대답했다. 그러자 하느님이 "내가 깨끗이 한 것을 부정하다 하지 마라"고 했다. 얼마 뒤 코르넬리우스가 보낸 사람이 베드로를 찾아와 함께 가주기를 청했다. 그제야 베드로는 자신이 본 환상의 의미를 깨달았다. 당시 이스라엘 사람은 속되다는 이유로 이방인과 어울리지 않았는데, 하느님은 자기를 믿는 사람은 누구든 속되거나 부정하다고 여기지 말라고 한 것이었다.

코르넬리우스는 친척과 친구들을 집에 불러 모아놓고 베드로를 기다리고 있었다. 베드로가 도착하자 코르넬리우스는 그 앞에 무릎을 꿇고 절했다. 베드로는 코르넬리우스를 일으켜 세우며 말했다. "일어나십시오. 저 역시 사람입니다. 하느님께서는 사람을 차별하지 않고 당신을 경외하고 바르게 사는 사람이면 어느 민족이든 다 받아주신다는 것을 깨달았습니다."

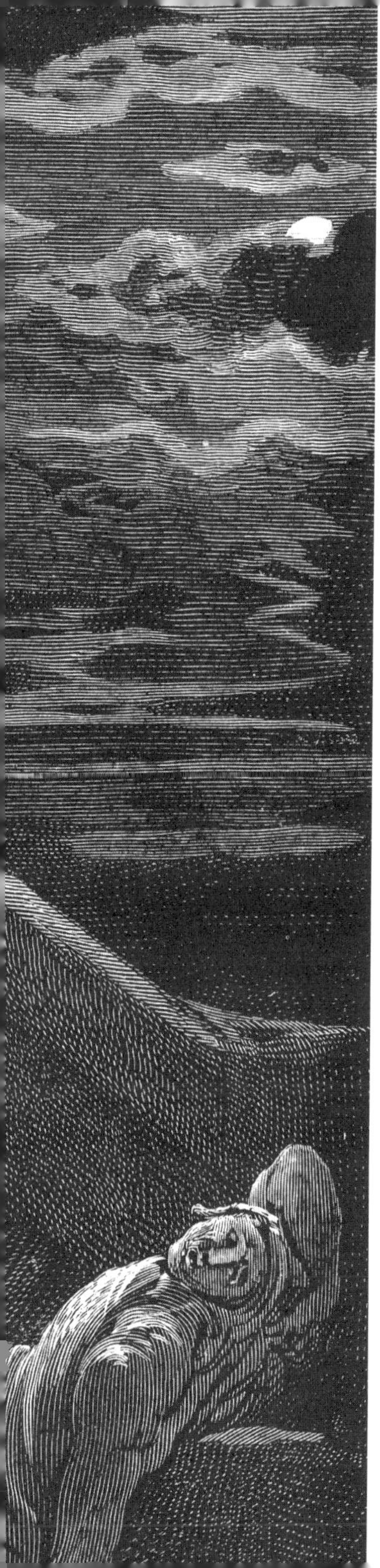

감옥에서 탈출하는 베드로

사도행전 12장

헤로데 왕은 이스라엘 지도층의 지지를 얻으려는 정치적 목적으로 그리스도인을 박해했다. 그는 야고보를 죽이고 베드로를 잡아 가뒀다. 베드로가 체포된 때는 파스카 축제 기간으로, 헤로데 왕은 축제가 끝나면 베드로 역시 처형할 계획이었다. 베드로는 두 개의 쇠사슬에 몸이 묶인 채 4인1조로 구성된 경비병의 엄중한 감시를 받으며 갇혀 있었다.

처형 전날 밤에 베드로가 갇힌 감옥에 한줄기 빛이 비치더니 천사가 나타났다. 천사가 잠든 베드로를 깨우자, 베드로의 몸을 묶고 있던 쇠사슬이 끊어지고 감옥문이 열렸다. 베드로는 천사의 안내를 받아 무사히 감옥을 빠져나왔다.

테살로니카 사람들에게 설교하는 사도 바오로

사도행전 17장

그리스도교의 사도가 된 사울은 로마 제국에 속한 여러 나라의 도시를 돌며 이방인들에게 복음을 전파했다. 이름도 로마식으로 '바오로'라고 바꿨다.

바오로는 바르나바와 함께 안티오키아를 출발해 살라미스, 팜필리아를 거치는 1차 전도여행을 했다. 두 사람은 2차 전도여행도 함께 하기로 했지만, 요한의 합류 문제로 크게 다투고 결별했다.

이후 바오로는 실라, 티모테오와 함께 2차 전도여행에 나섰다. 바오로 일행은 필리피를 거쳐 테살로니카로 갔다. 바오로는 테살로니카의 유대인 회당에서 "예수가 바로 메시아"라고 전했다. 바오로의 설교를 듣고 많은 사람들이 그리스도인이 됐다. 하지만 그곳에서도 유대인들은 군중을 선동하여 바오로와 신도들을 핍박했다. 이에 바오로 일행은 테살로니카를 떠나 아테네와 코린토 등지로 이동하여 전도를 계속했다. 바오로는 코린토에 있을 때 테살로니카로 두 차례 편지를 보냈다. 그 편지에서 바오로는 새로 신도가 된 테살로니카 시민들을 격려하고 경건한 삶의 태도를 지켜 주기를 당부했다.

에페소에 간 바오로

사도행전 19장

바오로는 에페소에 가서 정력적으로 포교활동을 벌였다. 놀라운 기적도 행했다. 바오로의 몸에 닿았던 수건이나 옷가지를 병자에게 대기만 해도 병이 낫고 악령이 쫓겨났다.

그러자 에페소의 마술쟁이들이 바오로 흉내를 냈다. 그들은 "바오로가 전하는 예수의 이름으로 명령한다"면서 마귀를 쫓아내는 시늉을 했다. 스케우아스의 일곱 아들도 이런 일을 하고 있었다. 그때 마귀에 들린 사람이 "나는 예수도 알고 바오로도 잘 아는데 도대체 너희는 누구냐?"면서 덤벼들어 그들을 모두 때려눕혔다.

이 소문이 퍼지자 수많은 에페소 사람들이 예수를 두려워하며 그 이름을 찬양했다. 또 많은 마술쟁이들이 마술서적을 가지고 나와 사람들 앞에서 불살라버렸다.

로마 군사들에게 구출되는 바오로

사도행전 21장

바오로는 에페소를 중심으로 그리스와 소아시아 지역에서 3차 전도여행을 마치고 예루살렘으로 향했다. 바오로의 제자와 예언자들은 환난을 당할 것이라며 그의 예루살렘행을 만류했다. 하지만 바오로는 죽음을 각오하고 예루살렘으로 갔다.

성전에서 바오로를 발견한 유대인들은 군중을 선동해 바오로를 죽이려고 했다. 이때 폭동이 일어났다는 보고를 받고 출동한 로마군이 현장에 도착했다. 로마군 대장은 일단 바오로를 체포하여 병영으로 연행한 후 산헤드린 재판에 세웠다. 그러나 사두가이파와 바리사이파가 서로 다투다가 재판이 중단됐다. 로마군 대장은 바오로가 로마 시민권자임을 알고 그를 총독이 있는 카이사리아로 호송했다.

난파당한 바오로

사도행전 27장

총독은 바오로가 무고하다는 것을 알았다. 그러나 정치적인 부담 때문에 2년 동안이나 판결을 미루고 바오로를 가두어뒀다. 바오로는 로마 황제에게 상소를 했고, 백인대장이 지휘하는 배에 태워져 로마로 호송됐다.

바오로가 탄 배는 항해 도중 계속 역풍을 만났다. 바오로는 항해의 위험성을 경고했지만, 백인대장은 경고를 무시하고 항해를 강행했다. 얼마 지나지 않아 배는 거대한 풍랑을 만나 14일 동안 표류하다가 몰타 섬 앞에서 끝내 난파됐다. 배에 탔던 사람들은 부서진 뱃조각에 매달려 육지로 올라갔다. 바오로 일행은 몰타 섬에서 석 달을 보낸 후 다시 배를 얻어 타고 로마로 갔다.

파트모스 섬에 유배된 사도 요한

요한묵시록

어려서 예수의 제자가 된 요한은 열두 사도 중 유일하게 순교하지 않고 늙어 죽었다고 한다. 그가 예언자 엘리야처럼 죽지 않고 승천했다는 전설도 있다. 그리스도교를 박해한 도미티아누스 황제는 에페소에서 활동하던 사도 요한을 파트모스 섬에 유배시켰다. 요한은 2년여의 유배기간 중에 천사로부터 계시를 받았다. 요한이 그 내용을 기록한 것이 '요한묵시록'이다.

요한묵시록에는 세상의 종말과 최후의 심판, 예수의 재림에 관한 이야기가 담겨있다. 요한묵시록은 수많은 상징과 비유, 초현실적인 이미지로 점철돼 있어서 이해하기가 매우 어렵다.

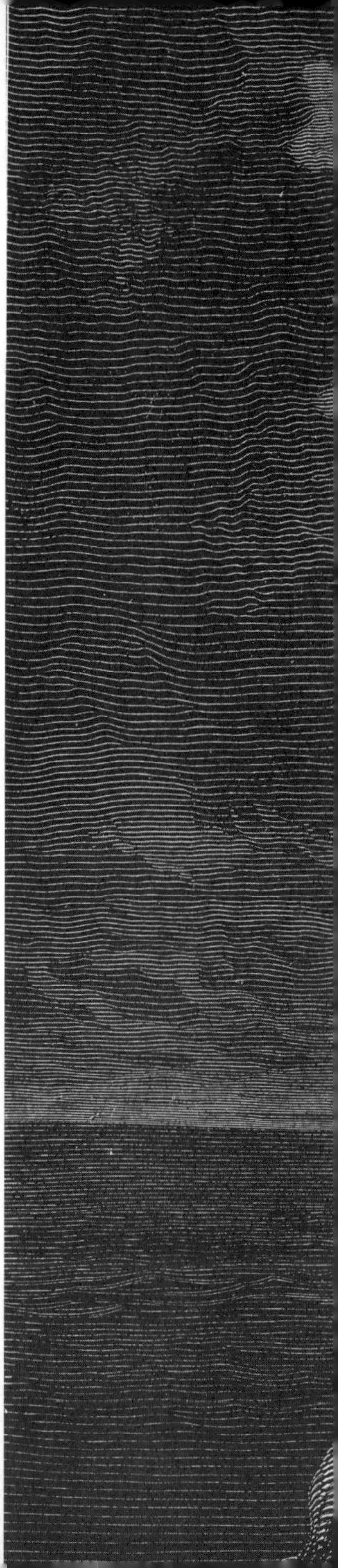

죽음의 기사

요한묵시록 6장

요한이 하늘을 올려다보니 '어떤 분'이 어좌에 앉아있었다. 그분은 오른 손에 일곱 번 봉인된 두루마리를 들고 있었다. 어좌 옆에 서있던 '어린양'이 나서서 두루마리의 봉인을 뜯었다.

첫 번째 봉인을 뜯자 흰 말을 탄 기사가 나와 싸우고 또 싸워 이겼다. 그는 '승리'였다. 두 번째 봉인을 뜯자 붉은 말을 탄 기사가 나와 사람들이 서로를 살육하게 만들었다. 그는 '전쟁'이었다. 세 번째 봉인을 뜯자 검은 말을 탄 기사가 나와 저울로 곡식의 양을 쟀다. 그는 '기근'이었다. 네 번째 봉인을 뜯었을 때 나온 기사는 '죽음'이었다. '저승'이 푸르스름한 말을 탄 죽음의 뒤를 따르고 있었다.

어린양이 다섯 번째 봉인을 뗐을 때 요한은 순교자들의 영혼이 제단 아래에 서있는 것을 보았다. 여섯 번째 봉인을 뜯자 지상에 대재앙이 내렸다.

천사 미카엘의 군대

요한묵시록 12장

어린양이 두루마리의 일곱 번째 봉인을 뜯었을 때 하늘에 잠시 침묵이 흘렀다. 이윽고 나팔을 든 일곱 명의 천사가 나타났다.

첫 번째 천사가 나팔을 불자, 피가 섞인 우박과 불이 떨어져 지상의 3분의 1을 태웠다. 두 번째 천사가 나팔을 부니, 불타는 산이 떨어져 바다의 3분의 1을 없앴다. 세 번째 나팔이 울리자, 강과 샘물의 3분의 1이 쓴물로 변하고 그 물을 마신 많은 사람들이 목숨을 잃었다.

네 번째 천사가 나팔을 불자, 해와 달과 별이 3분의 1씩 그 빛을 잃었다. 다섯 번째 나팔이 울리자, 바닥이 없는 갱의 입구가 열리고 그곳에서 인간의 얼굴과 전갈의 꼬리침을 가진 메뚜기떼가 나왔다. 아폴리온이라 불리며 악마를 섬기는 메뚜기들은 다섯 달 동안 인간을 괴롭혔다. 여섯 번째 나팔이 울리자, 유프라테스 강에 묶여 있던 네 천사가 풀려

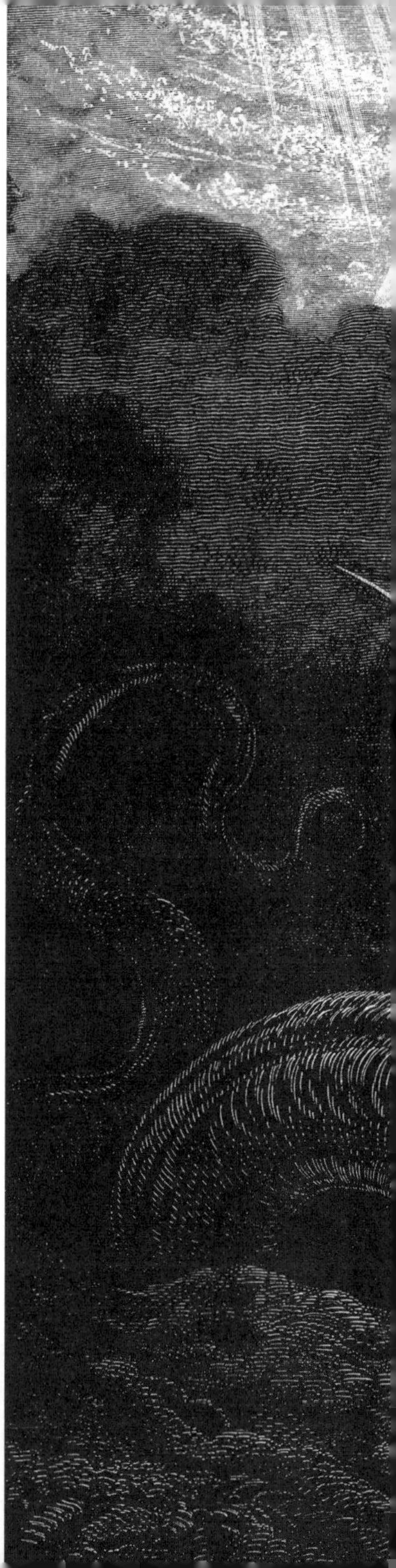

나 인간의 3분의 1을 죽였다.

그렇지만 살아남은 자들은 여전히 자신들이 저지른 잘못을 회개하지 않았다.

일곱 번째 천사가 마지막 나팔을 불었다. 그러자 하늘의 성전이 열리면서 계약궤가 나타나더니 땅이 흔들리고 천둥이 울리고 번개가 치면서 큰 우박이 떨어졌다.

잠시 후 태양을 입고 달을 밟고 열두 개의 별이 달린 왕관을 쓴 여자가 나타났다. 임신한 그 여자는 해산의 고통 때문에 울고 있었다. 일곱 개의 머리와 열 개의 뿔이 달린 붉은 용이 여자의 앞을 지키고 있었다. 용은 여자가 낳은 아이를 삼키려고 했다. 그러나 천사 미카엘의 군대가 용과 맞서 싸웠다. 용은 싸움에서 져서 땅에 떨어졌고, 아이는 하느님 곁으로 올려졌다.

바빌론의 멸망

요한묵시록 18~19장

일곱 천사가 일곱 가지 재앙이 담긴 그릇을 들고 나타났다. 일곱 천사가 차례로 그릇을 쏟을 때마다 재앙이 일어났다. 악한 자들의 몸에 종양이 생기고, 바다의 생물이 모두 죽고, 물이 피로 변하고, 인간이 불에 타죽고, 악의 무리가 고통당하고, 악마가 하르마게돈에 군대를 집결시켰다. 마지막 그릇이 쏟아지자 우레와 함께 지금껏 없었던 대지진이 일어나 바빌론성이 세 개로 갈라지고 거대한 우박이 쏟아졌다.

요한은 성령에 이끌려 광야로 갔다. 그곳에는 일곱 개의 머리와 열 개의 뿔이 달린 붉은 용을 타고, 붉은 색 옷과 보석으로 치장하고, 더러운 것으로 가득 찬 금잔을 든 여자가 있었다. 여자의 이마에는 '대바빌론'이란 이름이 적혀 있었다. 천사가 요한에게 그 여자는 땅의 왕들을 다스리는 큰 성이며 지금은 여자를 태우고 있는 용이 나중에는 여자를 미워하여 멸할 것이라고 말해주었다.

곧이어 또 다른 천사가 내려오더니 "악마의 소굴 대바빌론이 무너졌다"고 외쳤다. 그때 하늘에서 또 다른 목소리가 들려왔다. "내 백성아, 거기서 나와라. 그의 죄악에 동참하지 말고 그가 당할 재앙을 함께 당하지 마라." 바빌론이 무너지자 권력자와 상인 등 바빌론에 빌붙어 권세를 누리고 부를 쌓던 인간들이 가슴을 치며 통곡했다.

바빌론을 심판한 하느님을 찬양하는 소리가 하늘에서 울려 퍼지는 가운데 백마 탄 사람이 나타났다. 하늘 군대가 그의 뒤를 따랐다. 그들은 남은 바빌론 추종자들을 모조리 멸했다.

최후의 심판

요한묵시록 20장

대바빌론과 그의 추종자들이 모두 멸망하자 이번에는 바닥이 없는 갱의 열쇠와 쇠사슬을 손에 든 천사가 하늘에서 내려왔다. 천사는 대바빌론을 태우고 있었던 붉은 용을 붙잡아서 쇠사슬로 결박하고 갱에 가두었다. 그 용은 창세기에 등장한 뱀이요, 사탄이요, 악마였다. 악마는 천 년 동안 갱에 갇혔는데, 그동안에는 평화로운 나날이 이어졌다.

천 년 뒤에 갱에서 풀려난 악마는 다시 세상을 미혹하고 악의 무리를 집결해 전쟁을 일으켰다. 그러나 하늘에서 불이 내려와 그들을 모두 불살라버리고 악마는 유황불에 던져졌다.

이윽고 최후의 심판이 시작됐다. 모든 죽은 자들이 하늘 어좌에 앉은 그분 앞에 줄지어 서있었다. 어좌 앞에는 '생명의 책'과 '행위의 책'이 펼쳐져 있었다. '생명의 책'에 기록된 자들은 구원을 얻었다. 나머지 사람들은 '행위의 책'에 기록된 내용, 즉 자신이 생전에 한 행실에 따라 심판을 받고 불못에 던져졌다.

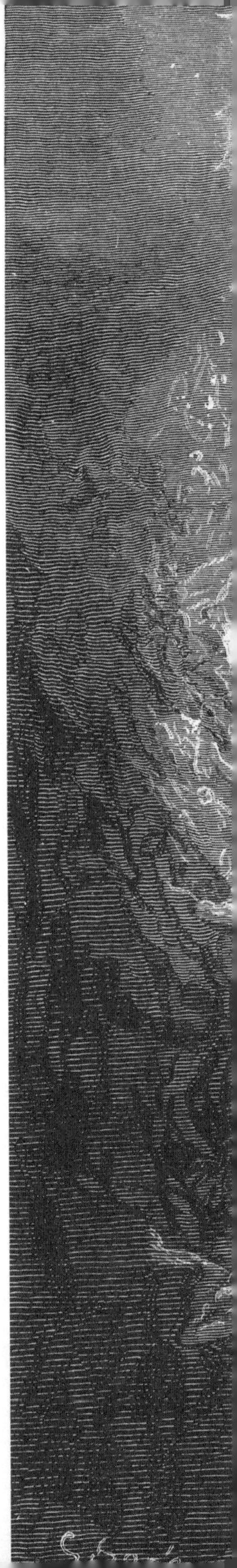

새로운 세상, 새로운 예루살렘

요한묵시록 21장

최후의 심판이 이루어진 뒤 새 하늘과 새 땅이 생겨났다. 거룩한 성 예루살렘이 마치 신랑을 맞는 신부가 단장한 것처럼 눈부신 모습으로 하늘에서 내려왔다. 이어 어좌에서 큰 음성이 들려왔다. "이제 하느님이 사람들 사이에 살며 그들의 눈물을 닦아줄 것이니, 죽음도 없고 슬픔도 없고 고통도 없을 것"이라는 내용이었다. "다 이루었도다. 나는 알파이자 오메가요, 처음이자 마지막이다."

마지막 재앙이 담긴 그릇을 들고 있던 일곱 천사 중 한 천사가 요한을 높은 산 위로 데리고 갔다. 요한의 눈앞에 하늘에서 내려온 새 예루살렘의 모습이 펼쳐졌다. 네모반듯한 예루살렘 성은 온갖 보석으로 지어졌고, 열두 개의 성문을 열두 천사가 지키고 있었다. 도성에는 밤낮이 없었는데, 하느님의 영광으로 늘 빛나기 때문이었다. 도성의 문은 늘 열려 있어 누구나 드나들 수 있었다. 그러나 속되고 부정한 자와 거짓을 일삼는 자는 결코 그 문 안으로 들어갈 수 없었다.